書名：星卦奧義圖訣
系列：心一堂術數古籍珍本叢刊　堪輿類
作者：【清】施安仁
主編、責任編輯：陳劍聰
心一堂術數古籍珍本叢刊編校小組：陳劍聰　素聞　梁松盛　鄒偉才　虛白盧主

出版：心一堂有限公司
通訊地址：香港九龍旺角彌敦道六一〇號荷李活商業中心十八樓〇五—〇六室
深港讀者服務中心·中國深圳市羅湖區立新路六號羅湖商業大厦負一層〇〇八室
電話號碼：(852)67150840
網址：publish.sunyata.cc
電郵：sunyatabook@gmail.com
網店：http://book.sunyata.cc
淘寶店地址：https://shop210782774.taobao.com
微店地址：https://weidian.com/s/1212826297
臉書：https://www.facebook.com/sunyatabook
讀者論壇：http://bbs.sunyata.cc/

版次：二零二二年五月初版
平裝

　　　港幣　　二百七十八元正
定價：人民幣　　二百七十八元正
　　　新台幣　　一千一百元正

國際書號：ISBN 978-988-8058-92-1

香港發行：香港聯合書刊物流有限公司
地址：香港新界大埔汀麗路36號中華商務印刷大廈3樓
電話號碼：(852)2150-2100
傳真號碼：(852)2407-3062
電郵：info@suplogistics.com.hk

台灣發行：秀威資訊科技股份有限公司
地址：台灣台北市內湖區瑞光路七十六巷六十五號一樓
電話號碼：+886-2-2796-3638
傳真號碼：+886-2-2796-1377
網絡書店：www.bodbooks.com.tw
台灣國家書店讀者服務中心：
地址：台灣台北市中山區松江路二〇九號一樓
電話號碼：+886-2-2518-0207
傳真號碼：+886-2-2518-0778
網絡書店：http://www.govbooks.com.tw

中國大陸發行　零售：深圳心一堂文化傳播有限公司
深圳地址：深圳市羅湖區立新路六號羅湖商業大厦負一層〇〇八室
電話號碼：(86)0755-82224934

心一堂微店二維碼

心一堂淘寶店二維碼

心一堂術數古籍珍本叢刊 總序

術數定義

術數，大概可謂以「推算、推演人（個人、群體、國家等）、事、物、自然現象、時間、空間方位等規律及氣數，並或通過種種『方術』，從而達致趨吉避凶或某種特定目的」之知識體系和方法。

術數類別

我國術數的內容類別，歷代不盡相同，例如《漢書・藝文志》中載，漢代術數有六類：天文、曆譜、無行、蓍龜、雜占、形法。至清代《四庫全書》，術數類則有：數學、占候、相宅相墓、占卜、命書、相書、陰陽五行、雜技術等，其他如《後漢書・方術部》、《藝文類聚・方術部》、《太平御覽・方術部》等，對於術數的分類，皆有差異。古代多把天文、曆譜、及部份數學均歸入術數類，而民間流行亦視傳統醫學作為術數的一環；此外，有些術數與宗教中的方術亦往往難以分開。現代學界則常將各種術數歸納為五大類別：命、卜、相、醫、山，通稱「五術」。

本叢刊在《四庫全書》的分類基礎上，將術數分為九大類別：占筮、星命、相術、堪輿、選擇、三式、讖緯、理數（陰陽五行）、雜術。而未收天文、曆譜、算術、宗教方術、醫學。

術數思想與發展——從術到學，乃至合道

我國術數是由上古的占星、卜蓍、形法等術發展下來的。其中卜蓍之術，是歷經夏商周三代而通過「龜卜、蓍筮」得出卜（卦）辭的一種預測（吉凶成敗）術，之後歸納並結集成書，此即現傳之《易經》。經過春秋戰國至秦漢之際，受到當時諸子百家的影響、儒家的推崇，遂有《易傳》等的出現，原本是卜蓍術書的《易經》，被提升及解讀成有包涵「天地之道（理）」之學。因此，《易・繫辭傳》曰：「易與天地準，故能彌綸天地之道。」

漢代以後，易學中的陰陽學說，與五行、九宮、干支、氣運、災變、律曆、卦氣、讖緯、天人感應說等相結

合，形成易學中象數系統。而其他原與《易經》本來沒有關係的術數，如占星、形法、選擇，亦漸漸以易理（象數學說）為依歸。《四庫全書・易類小序》云：「術數之興，多在秦漢以後。要其旨，不出乎陰陽五行，生尅制化。實皆《易》之支派，傅以雜說耳。」至此，術數可謂已由「術」發展成「學」。

及至宋代，術數理論與理學中的河圖洛書、太極圖、邵雍先天之學及皇極經世等學說給合，通過術數以演繹理學中「天地中有一太極，萬物中各有一太極」（《朱子語類》）的思想。術數理論不單已發展至十分成熟，而且也從其學理中衍生一些新的方法或理論，如《梅花易數》、《河洛理數》等。

在傳統上，術數功能往往不止於僅僅作為趨吉避凶的方術，及「能彌綸天地之道」的學問，亦有其「修心養性」的功能，「與道合一」（修道）的內涵。《素問・上古天真論》：「上古之人，其知道者，法於陰陽，和於術數。」數之意義，不單是外在的算數、歷數、氣數，而是與理學中同等的「道」、「理」——心性的功能，北宋理氣家邵雍對此多有發揮：「聖人之心，是亦數也」、「萬化萬事生乎心」、「心為太極」。《觀物外篇》：「先天之學，心法也。……蓋天地萬物之理，盡在其中矣，心一而不分，則能應萬物。」反過來說，宋代的術數理論，受到當時理學、佛道及宋易影響，認為心性本質上是等同天地之太極。天地萬物氣數規律，能通過內觀自心而有所感知，即是內心也已具備有術數的推演及預測、感知能力；相傳是邵雍所創之《梅花易數》，便是在這樣的背景下誕生。

《易・文言傳》已有「積善之家，必有餘慶；積不善之家，必有餘殃」之說，至漢代流行的災變說及讖緯說，我國數千年來都認為天災，異常天象（自然現象），皆與一國或一地的施政者失德有關；下至家族、個人之盛衰，也都與一族一人之德行修養有關。因此，我國術數中除了吉凶盛衰理數之外，人心的德行修養，也是趨吉避凶的一個關鍵因素。

術數與宗教、修道

在這種思想之下，我國術數不單只是附屬於巫術或宗教行為的方術，又往往已是一種宗教的修煉手段——通過術數，以知陰陽，乃至合陰陽（道）。「其知道者，法於陰陽，和於術數。」例如，「奇門遁甲」術中，即分為「術奇門」與「法奇門」兩大類。「法奇門」中有大量道教中符籙、手印、存想、內煉的內容，是道教內丹外法的一種重要外法修煉體系。甚至在雷法一系的修煉上，亦大量應用了術數內容。此外，相術、堪輿術中也有修煉望氣色的方法；堪輿家除了選擇陰陽宅之吉凶外，也有道教中選擇適合修道環境（法、財、侶、地中的地）的方法，以至通過堪輿術觀察天地山川陰陽之氣，亦成為領悟陰陽金丹大道的一途。

易學體系以外的術數與的少數民族的術數

我國術數中，也有不用或不全用易理作為其理論依據的，如楊雄的《太玄》、司馬光的《潛虛》。也有一些占卜法、雜術不屬於《易經》系統，不過對後世影響較少而已。

外來宗教及少數民族中也有不少雖受漢文化影響（如陰陽、五行、二十八宿等學說）但仍自成系統的術數，如古代的西夏、突厥、吐魯番等占卜及星占術，藏族中有多種藏傳佛教占卜術、苯教占卜術、擇吉術、推命術、相術等；北方少數民族有薩滿教占卜術；不少少數民族如水族、白族、布朗族、佤族、彝族、苗族等，皆有占雞（卦）草卜、雞蛋卜等術，納西族的占星術、占卜術，彝族畢摩的推命術、占卜術…等等，都是屬於《易經》體系以外的術數。相對上，外國傳入的術數以及其理論，對我國術數影響更大。

曆法、推步術與外來術數的影響

我國的術數與曆法的關係非常緊密。早期的術數中，很多是利用星宿或星宿組合的位置（如某星在某州或某宮某度）付予某種吉凶意義，并據之以推演，例如歲星（木星）、月將（某月太陽所躔之宮次）等。不過，由於不同的古代曆法推步的誤差及歲差的問題，若干年後，其術數所用之星辰的位置，已與真實星辰的位置不一樣了；此如歲星（木星），早期的曆法及術數以十二年為一周期（以應地支），與木星真實周期十一點八六年，每幾十年便錯一宮。後來術家又設一「太歲」的假想星體來解決，是歲星運行的相反，週期亦剛好是十二年。而術數中的神煞，很多即是根據太歲的位置而定。又如六壬術中的「月將」，原是立春節氣後太陽躔娵訾之次而稱作「登明亥將」，至宋代，因歲差的關係，要到雨水節氣後太陽才躔娵訾之次，當時沈括提出了修正，但明清時六壬術中「月將」仍然沿用宋代沈括修正的起法沒有再修正。

由於以真實星象周期的推步術是非常繁複，而且古代星象推步術本身亦有不少誤差，大多數術數除依曆書保留了太陽(節氣)、太陰(月相)的簡單宮次計算外，漸漸形成根據干支、日月等的各自起例，以起出其他具有不同含義的眾多假想星象及神煞系統。唐宋以後，我國絕大部份術數都主要沿用這一系統，也出現了不少完全脫離真實星象的術數，如《子平術》、《紫微斗數》、《鐵版神數》等。後來就連一些利用真實星辰位置的術數，如《七政四餘術》及選擇法中的《天星選擇》，也已與假想星象及神煞混合而使用了。

隨着古代外國曆(推步)、術數的傳入，如唐代傳入的印度曆法及術數，元代傳入的回回曆等，其中我國占星術便吸收了印度占星術中羅睺星、計都星等而形成四餘星，又通過阿拉伯占星術而吸收了其中來自希臘、巴比倫占星術的黃道十二宮、四元素學說(地、水、火、風)，並與我國傳統的二十八宿、五行說、神煞系統並存而形成《七政四餘術》。此外，一些術數中的北斗星名，不用我國傳統的星名：天樞、天璇、天璣、天權、玉衡、開陽、搖光，而是使用來自印度梵文所譯的：貪狼、巨門、祿存、文曲，廉貞、武曲、破軍等，此明顯是受到唐代從印度傳入的曆法及占星術所影響。如星命術的《紫微斗數》及堪輿術的《撼龍經》等文獻中，其星皆用印度譯名。及至清初《時憲曆》，置潤之法則改用西法「定氣」。清代以後的術數，又作過不少的調整。

術數在古代社會及外國的影響

術數在古代社會中一直扮演着一個非常重要的角色，影響層面不單只是某一階層、某一職業、某一年齡的人，而是上自帝王，下至普通百姓，從出生到死亡，不論是生活上的小事如洗髮、出行等，大事如建房、入伙、出兵等，從個人、家族以至國家，從天文、氣象、地理到人事、軍事，從民俗、學術到宗教，都離不開術數的應用。如古代政府的中欽天監(司天監)，除了負責天文、曆法、輿地之外，亦精通其他如星占、選擇、堪輿等術數，除在皇室人員及朝庭中應用外，也定期頒行日書、修定術數，使民間對於天文、日曆用事吉凶及使用其他術數時，有所依從。

在古代，我國的漢族術數，甚至影響遍及西夏、突厥、吐蕃、阿拉伯 、印度、東南亞諸國、朝鮮、日本、越南等地，其中朝鮮、日本、越南等國，一至到了民國時期，仍然沿用着我國的多種術數。

術數研究

術數在我國古代社會雖然影響深遠，「是傳統中國理念中的一門科學，從傳統的陰陽、五行、九宮、八卦、河圖、洛書等觀念作大自然的研究。……傳統中國的天文學、數學、煉丹術等，要到上世紀中葉始受世界學者肯定。可是，術數還未受到應得的注意。術數在傳統中國科技史、思想史，文化史、社會史，甚至軍事史都有一定的影響。……更進一步了解術數，我們將更能了解中國歷史的全貌。」（何丙郁《術數、天文與醫學 中國科技史的新視野》，香港城市大學中國文化中心。）

可是術數至今一直不受正統學界所重視，加上術家藏秘自珍，又揚言天機不可洩漏，「(術數)乃吾國科學與哲學融貫而成一種學說，數千年來傳衍嬗變，或隱或現，全賴一二有心人為之繼續維繫，賴以不絕，其中確有學術上研究之價值，非徒癡人說夢，荒誕不經之謂也。其所以至今不能在科學中成立一種地位者，實有數困。蓋古代士大夫階級目醫卜星相為九流之學，多恥道之；而發明諸大師又故為惝恍迷離之辭，以待後人探索；間有一二賢者有所發明，亦秘莫如深，既恐洩天地之秘，複恐譏為旁門左道，始終不肯公開研究，成立一有系統說明之書籍，貽之後世。故居今日而欲研究此種學術，實一極困難之事。」（民國徐樂吾《子平真詮評註》，方重審序）

現存的術數古籍，除極少數是唐、宋、元的版本外，絕大多數是明、清兩代的版本。其內容也主要是明、清兩代流行的術數，唐宋以前的術數及其書籍，大部份均已失傳，只能從史料記載、出土文獻、敦煌遺書中稍窺一麟半爪。

術數版本

坊間術數古籍版本，大多是晚清書坊之翻刻本及民國書賈之重排本，其中豕亥魚魯，或而任意增刪，往往文意全非，以至不能卒讀。現今不論是術數愛好者，還是民俗、史學、社會、文化、版本等學術研究者，要想得一常見術數書籍的善本、原版，已經非常困難，更遑論稿本、鈔本、孤本。在文獻不足及缺乏善本的情況下，要想對術數的源流、理法、及其影響，作全面深入的研究，幾不可能。

有見及此，本叢刊編校小組經多年努力及多方協助，在中國、韓國、日本等地區搜羅了一九四九年以前漢文為主的術數類善本、珍本、鈔本、孤本、稿本、批校本等千餘種，精選出其中最佳版本，以最新數碼技術清理、修復版面，更正明顯的錯訛，部份善本更以原色精印，務求更勝原本，以饗讀者。不過，限於編校小組的水平，版本選擇及考證、文字修正、提要內容等方面，恐有疏漏及舛誤之處，懇請方家不吝指正。

心一堂術數古籍珍本叢刊編校小組

二零零九年七月

理無據不可憑道無徵不可信故見理必窮其源求道必徵其實況地理
道一大端也上安先人于千百年已死之靈下益子孫千億世無疆之福若不
求其有可據之理有可徵之道而以口目從事者烏可乎說者謂世人好勝向
榮之念重故言地者必想來龍于千里之外近則數百里之間或鐘鼎衛屏或
龍樓鳳閣起伏頓跌生死孕胎娓娓而談味乎可聽其自負好名好勝之念也
何如也第見肯師求食者如是擇地者亦無不如是舉世若狂何異癡人說夢
總由其理不明僞而又僞其理一明千訛立辨今試以一微物較之問其輕重
彼必訛于錙銖問其長短彼必誤于分寸長短輕重尚且茫茫何況天地之闔闢
剛柔之化機一無所據一無所徵而徒以目力口唇操禍福之柄不貽害人身

家者未之有也余先世惟讀惟耕不藝雜術因此數代為匪人所弄夜台含泣生者傷悲顛沛流離靡靡景不致自後成童棄讀三走毘陵慕道訪求備歷辛苦始得楊曾之秘日夜揣摩因識先後天互為根源河圖洛書相為表裡三元九運星度循環必有據可憑有徵可信者當為一編為地理入用之準繩實孝子慈心採之模範然予被垢蒙塵浪迹遠俗終不敢顯然宣露者原天律有禁誠恐趙孟鮮恥之徒覬災延嗣俾千古狂且之效尤為造物之所忌哉余不敏實不敢年已老矣自悮後以知量山步水瞭如指掌以知復古論今語多奇中議者謂術謂迂謂傲謂狂皆可如莊子任呼牛呼馬云爾

咸豐十二年孟夏月嘯山施安仁序于詩春里聚慶堂

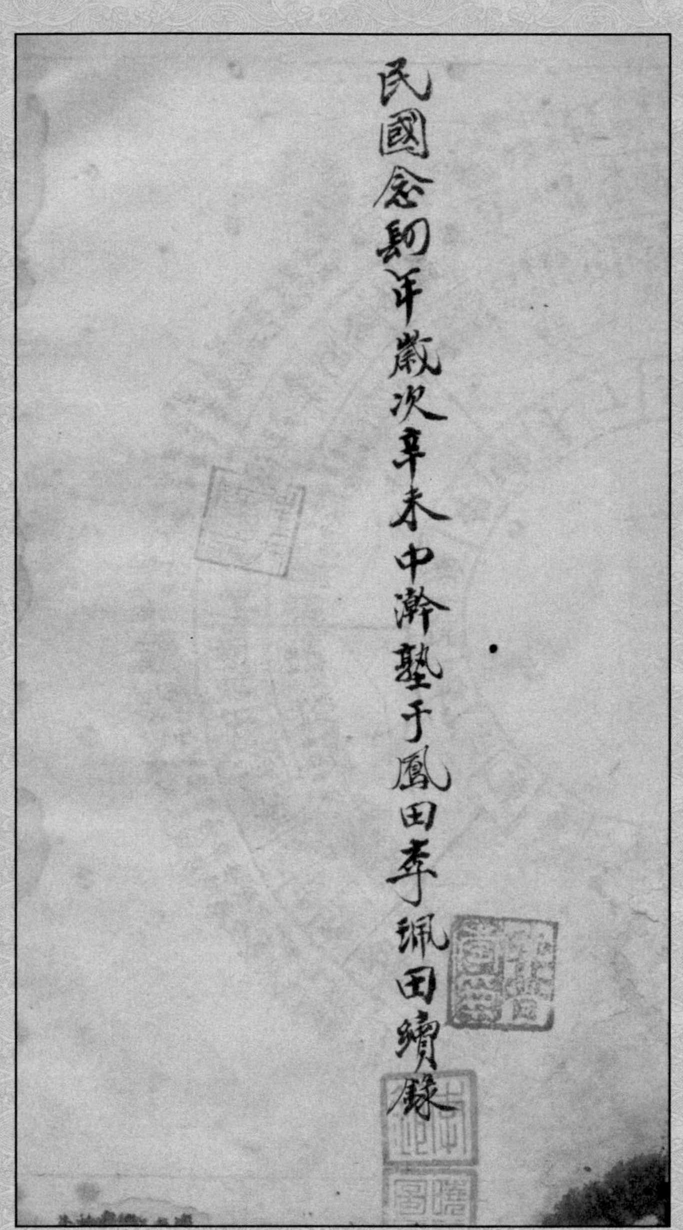
民國念肆年歲次辛未中澣塾于鳳田李琱囝繪錄

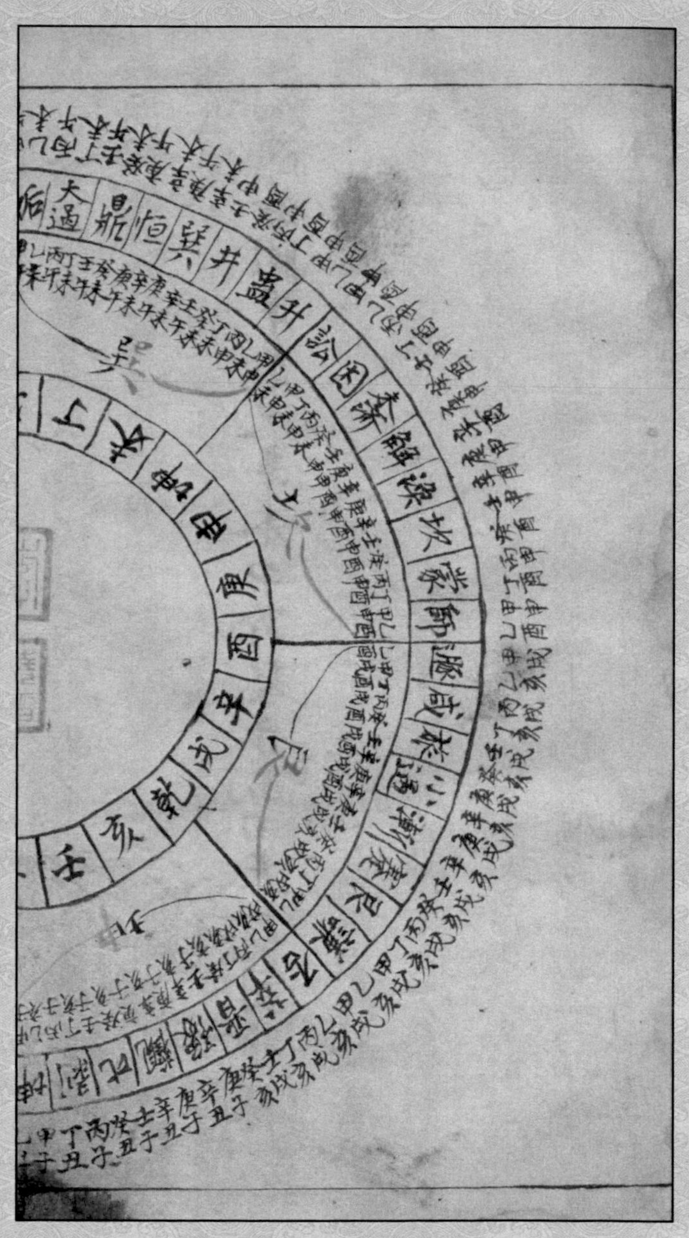

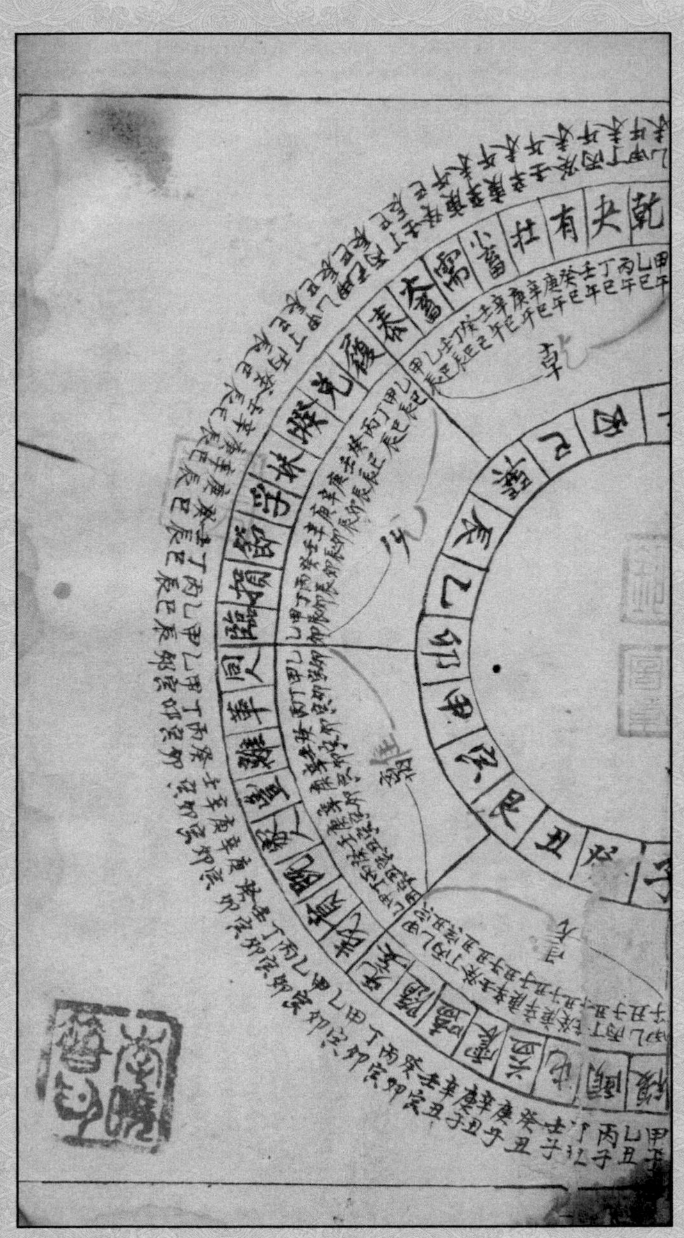

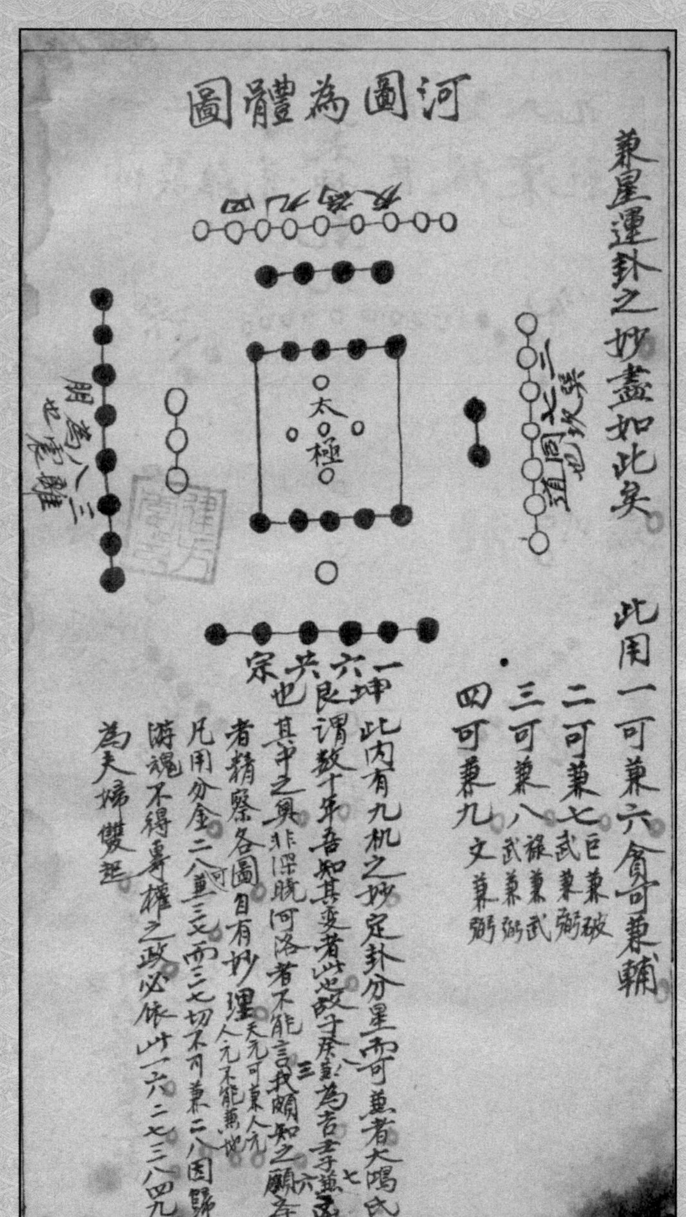

河圖為體圖

兼星運卦之妙盡如此矣

此用一可兼六貪可兼輔

二可兼七　巨兼破　祿兼武

三可兼八　武兼弼

四可兼九　文兼弼

此內有九机之妙定卦分星而可兼者大鳴氏謂數十年吾知其變者此也故子癸兼為吉壬子兼亥其中之奧非深曉河洛者不能言我頗知之願存者精察各圖自有妙理天元可兼人元人元不能兼地凡用分金二八兼三七而三七切不可兼二八因歸游魂不得專權之政必依此一六二七三八四九為夫婦雙起

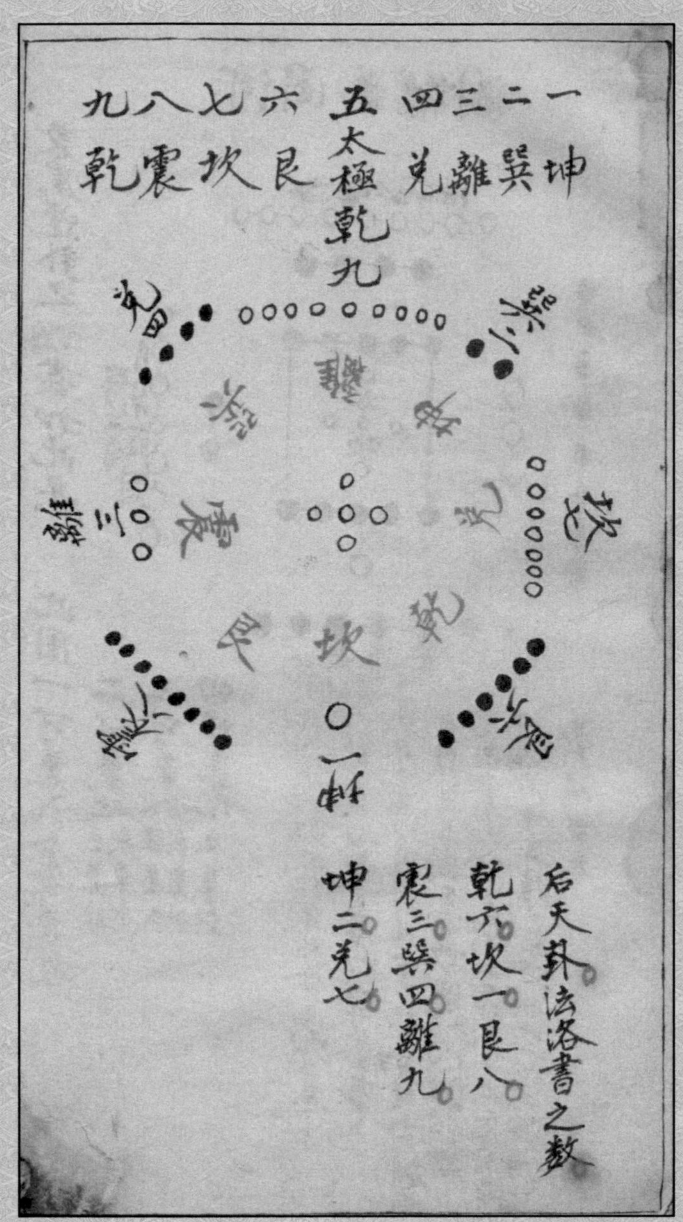
一坤
二巽
三離
四兑
五太極乾九
六艮
七坎
八震
九乾
后天卦法洛書之數
乾六坎一艮八
震三巽四離九
坤二兑七

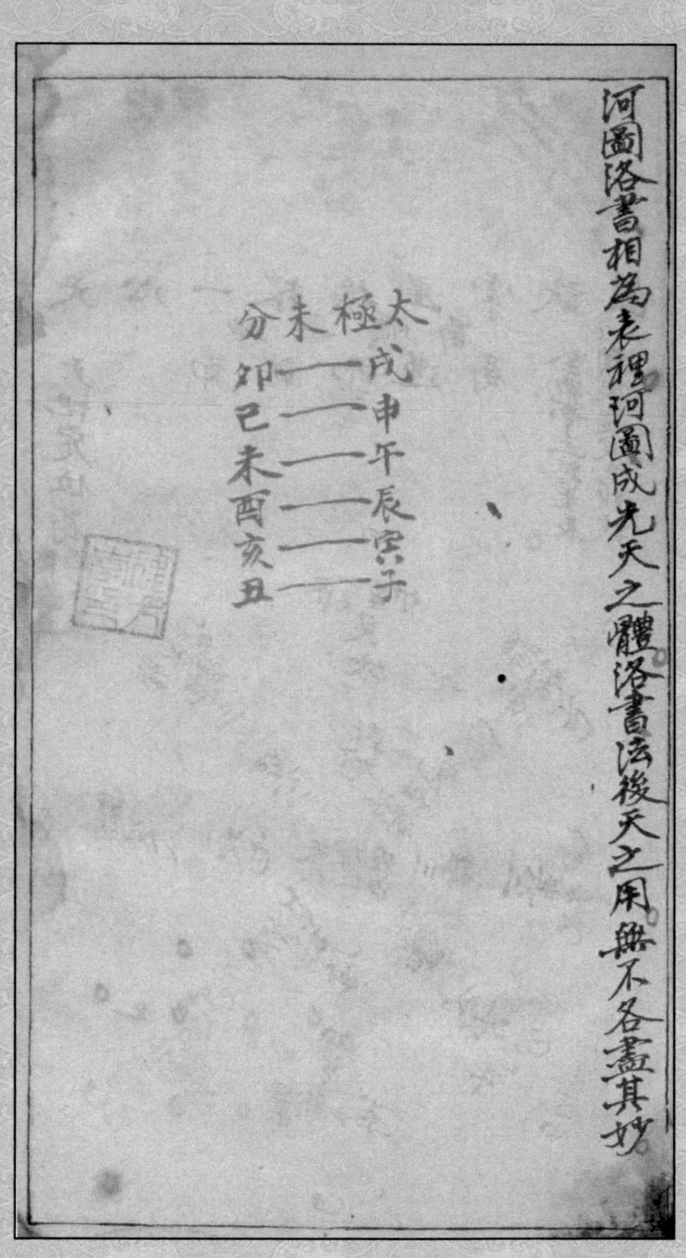
河圖洛書相為表裡河圖成先天之體洛書法後天之用無不各盡其妙

太極未分

戌	申	午	辰	寅	子
卯	巳	未	酉	亥	丑

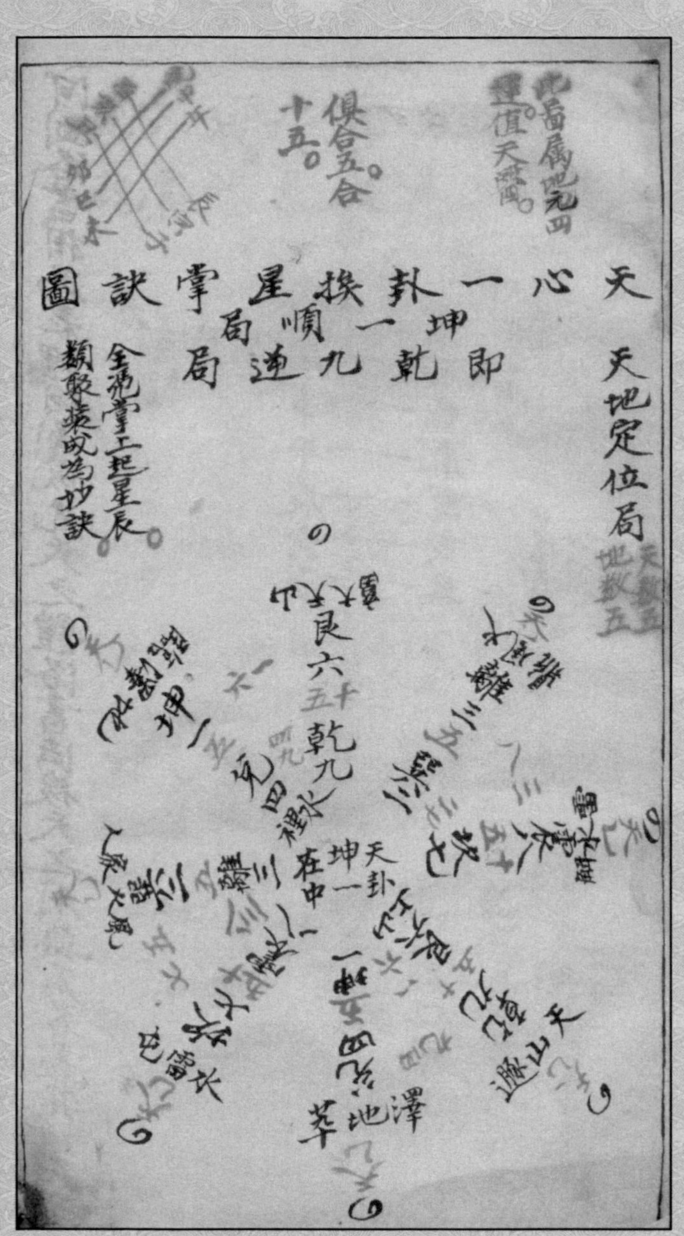
天心一卦挨星掌訣圖
天地定位局
即乾九逆局
坤一順局
全憑掌上起星辰。
類聚萃成為妙訣
俱合五合十五。
天卦坤一在中
乾九
艮六
澤
地

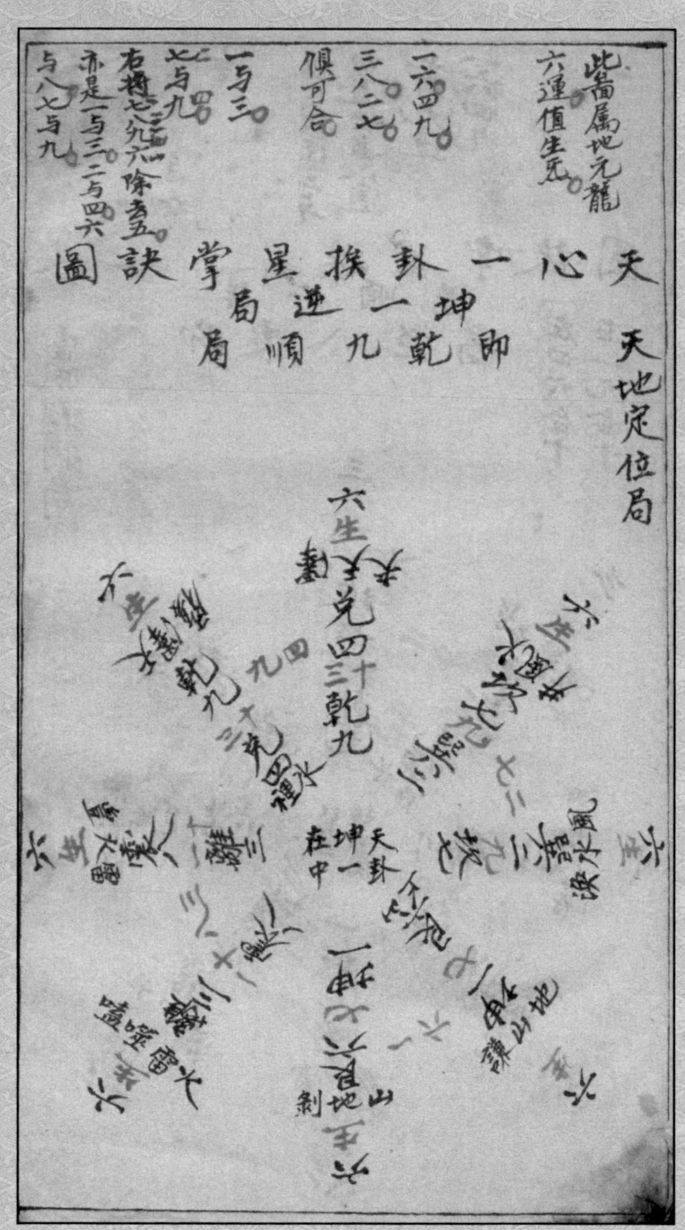
此圖屬地元龍
六運值生旺
一六四九
三八二七
俱可合
一与三
七与九
亦是一与三二与四六
与八七与九
天心一卦挨星掌訣圖
坤一逆局
即乾九順局
天地定位局
天卦坤一在中

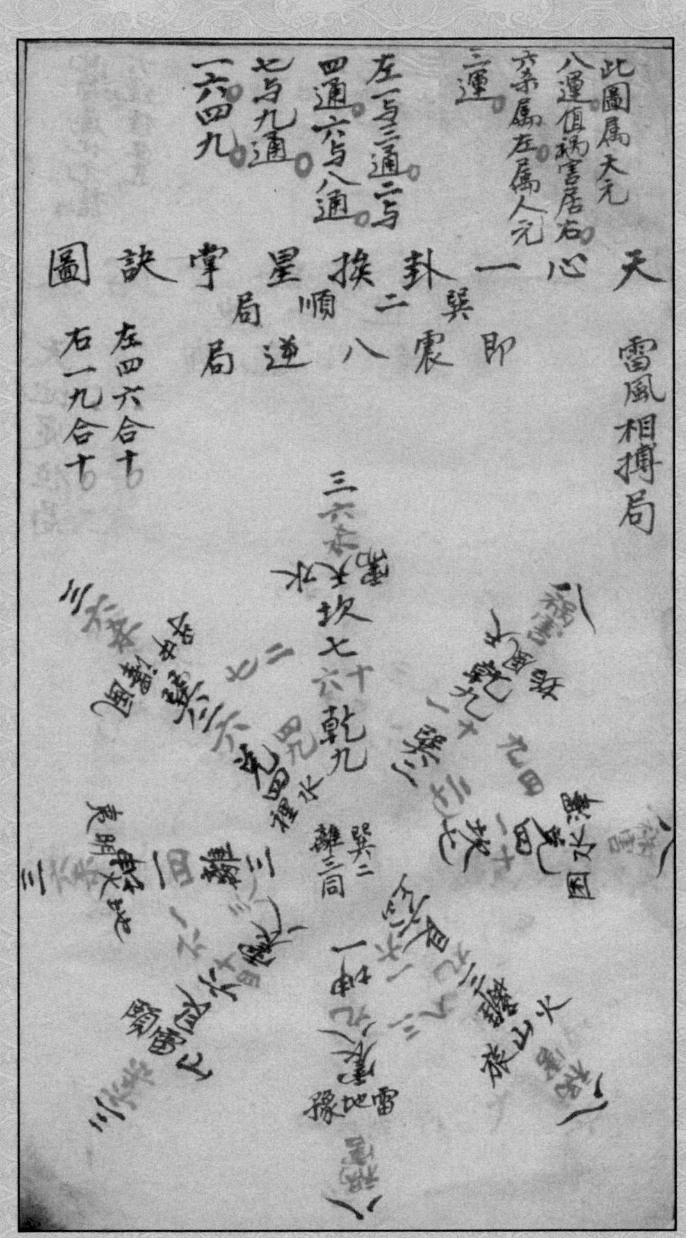

此圖屬天元
八運值禍害居右
三運
左一与三通二与
四通六与八通
七与九通
一六四九
天心一卦挨星掌訣圖
巽二順局
即震八逆局
雷風相搏局
左四六合十
右一九合十

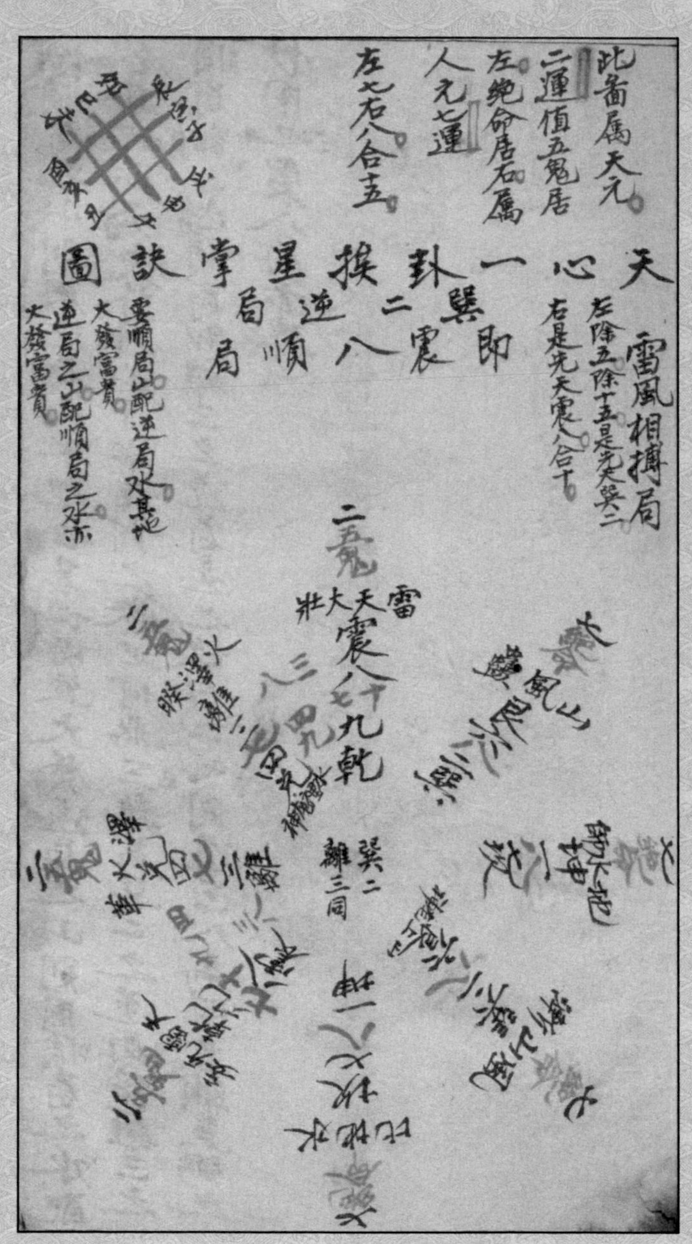
此畜屬天元
二運值五鬼居
左絕命居右屬
人元七運
左七右八合五
天心一卦挨星掌訣圖
巽二逆局
即震八順局
雷風相搏局
左除五除十五是先天巽三
右是先天震八合十
要順局山配逆局水甚地
大發富貴
逆局之山配順局之水亦
大發富貴
雷
天大壯
震八
九乾
巽二
離三同

如順局之山則用逆局之水配合其地必然大發逆局之山則用順局之水配合其地亦必大發此山与水相對之訣也何無三離蓋巽二之逆局即離三之順局巽二之順局即離三之逆局是也故曰二七同道三八為朋兼輔兼弼之妙用也震八局亦然。

順逆二字即陰陽也故陽山收陰水陰山收陽口是青囊經陰用陽朝陽用陰應。

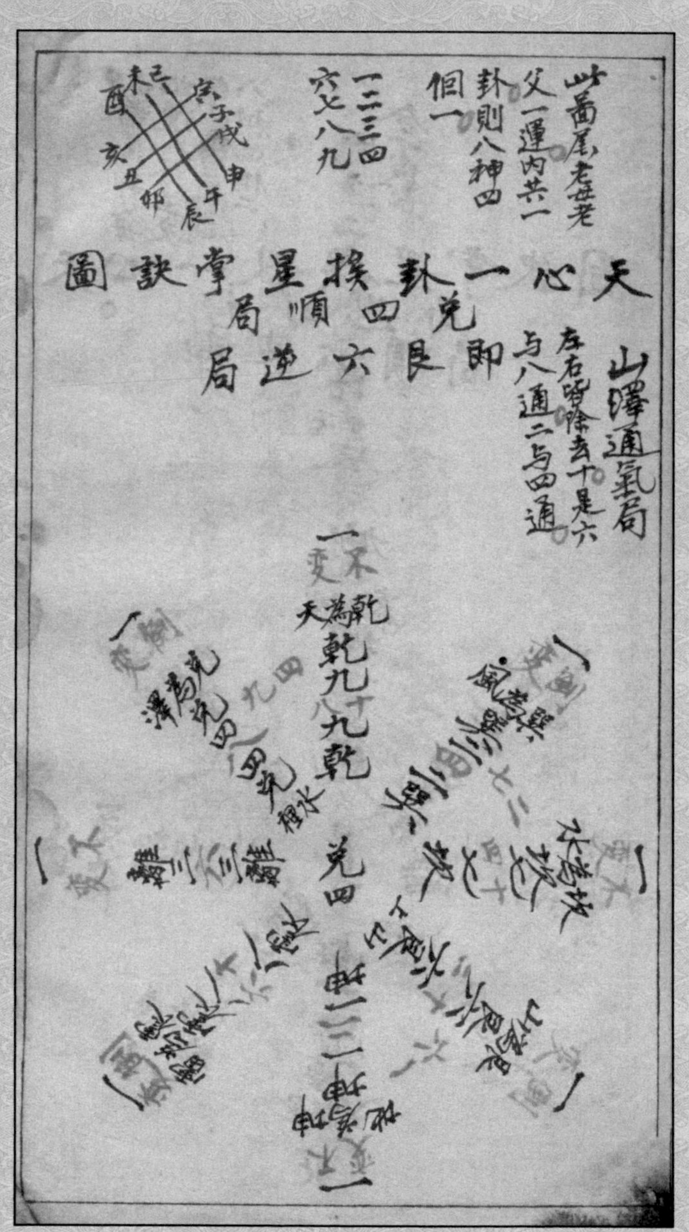
山高屋老母老
父一運內共一
卦則八神四
個一
一二三四
六七八九
天心一卦挨星掌訣圖
兌四順局
即艮六逆局
山澤通氣局
左右皆除去十是六
与八通二与四通
乾為天
乾九
坤為地
坤一

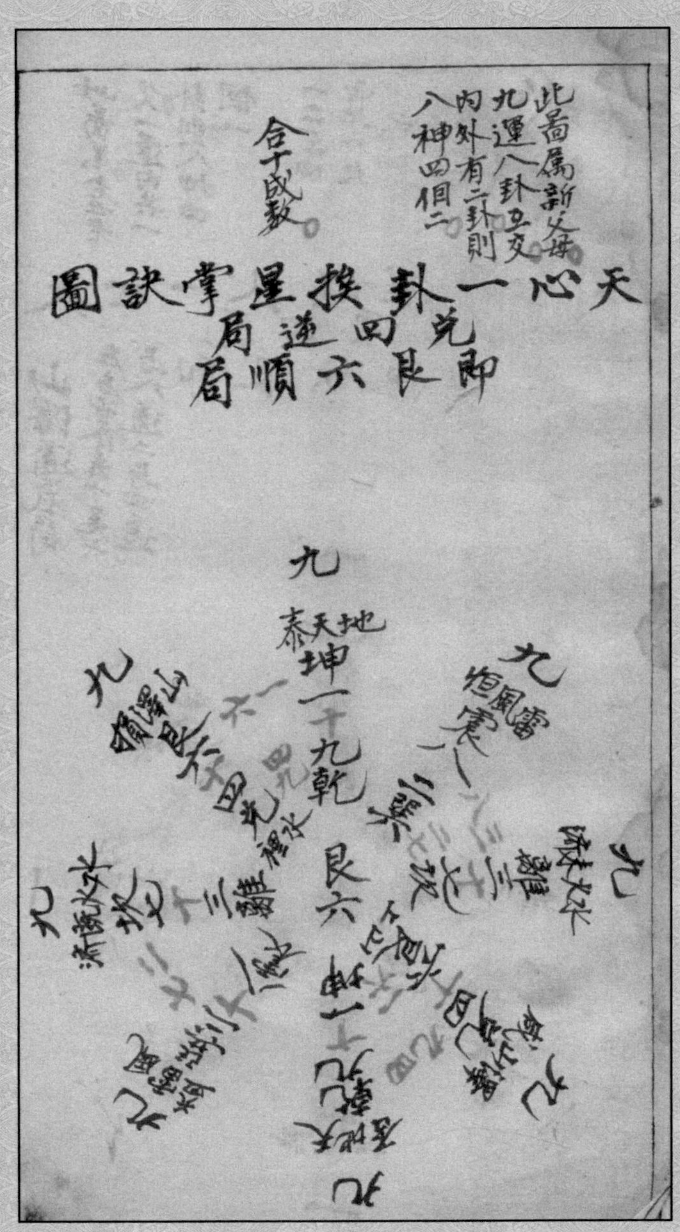
此圖屬新父母
九運八卦互交
内外有二卦則
八神四個二
合十成數
天心一卦挨星掌訣圖
兑四逆局
即艮六順局

天玉經曰順逆排來各不同天卦在其中順局之山要配逆局之水逆局之山要配順局之水若能如此配合其發富貴無疑何無八九九即一也八即二也順逆參之可也

寶照經曰陰水陽山相配合兒孫天府正登名

天玉經又曰倒排父母蔭龍位又曰倒排父母真龍蓋山來脉与本穴星尖頂并左右向山之尖頂在順局之卦位則來水与水口要用逆局之卦位來配合也不宜差錯倘用卦混雜則不清純謂之殺氣其地必凶

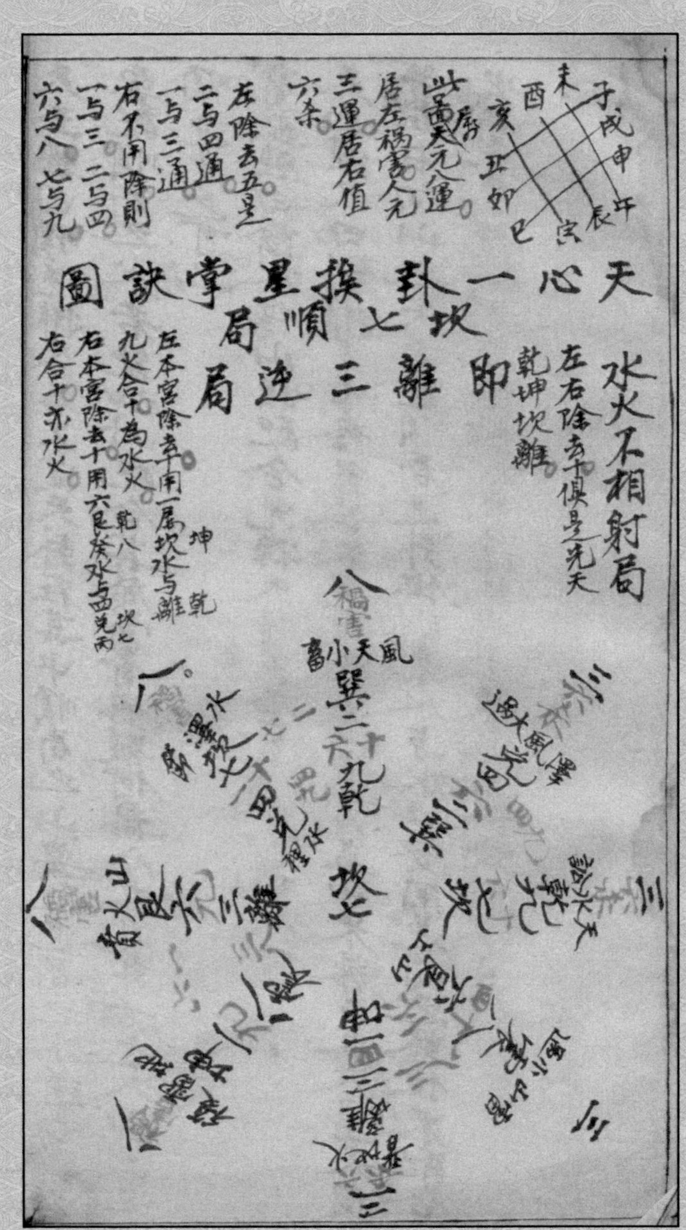

子 戌 申 午 辰 寅
未 酉 亥 丑 卯 巳
居左禍害人元
三運居右值
六杀
左除去五星
二与四通
一与三通
右不用除則
一与三 二与四
六与八 七与九
天心一卦換星掌訣圖
坎七順局
即離三逆局
水火不相射局
左右除去十俱是先天
乾坤坎離
左本宮除去十用一居坎水与離
九火合十為水火
右本宮除去十用六艮癸水与四兌丙
右合十亦水火
風天小畜

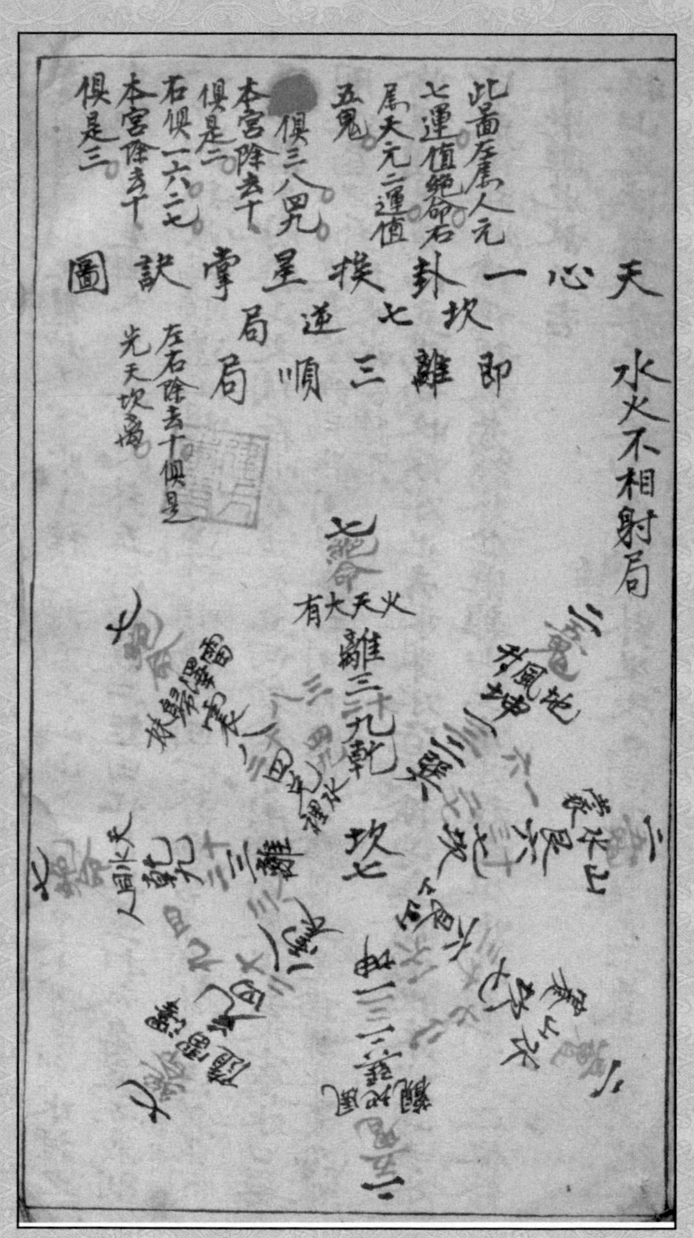

此畫左屬人元
七運值絕命右
屬天元二運值
五鬼
俱三八兇
本宮除去十
俱是二
右俱一六二七
本宮除去十
俱是三

天心一卦挨星掌訣圖

即坎七逆局
離三順局

水火不相射局

左右除去十俱是
先天坎離

青囊序曰山上龍神不下水〻裡龙神不上山山上之順局不可混到水裡之逆局曰挨星曰大玄空曰大卦五行曰雙〻起曰北斗七星打刼名異而義則一此所謂陰陽順逆也陽順陰逆陰順陽逆同一卦在宮中順佈与逆佈各自不同蓋山龍來脉與山尖頂在順局造穴立向分金亦用順局來水去水與水口要用逆局之卦故青囊經曰陰用陽朝陽用陰應又曰陰陽相見福祿永貞陰陽相乘禍咎踵門陰陽相見陽山立陽向收陰水也去水來水皆同陰山立陰向收來水与去水皆要陽卦也陰陽相乘者謂卦位混雜山上有水裡之位水裡有山上之位卦來混雜也故不吉

收山之法與收水不同收山在順局之卦坐穴立向則用順局一氣之卦也收水

則不然水在順局一氣之卦坐穴立向則用逆局之卦也平地與平洋水龍皆用此法

以上八圖皆奧語換星秘訣也坤壬乙者謂從右天二十四山之坤上換至乙上之離三止也艮丙辛者謂從二十四山之艮上換起至辛上之七宮而止也餘宮皆然曰巨門破軍者乃發明用伏羲先天圖之卦位也所謂先天之訣也

○○天心一卦入中宮順逆圖

坤	巽 (太陽少陽順數)	離	兌	艮	坎 (太陰少陰逆數)	震	乾
一	二	三	四	六	七	八	九
九	三	二	六	四	八	七	一
八	四	一	七	三	九	六	二
七	六	九	八	二	一	四	三
六	七	八	九	一	二	三	四
四	八	七	一	九	三	二	六
三	九	六	二	八	四	一	七
二	一	四	三	七	六	九	八
一	二	三	四	六	七	八	九

論宮

則以四三二一為順倒數，以六七八九順數為逆也。

論星

從下數上一二三四單數順，双逆數六七八九，逢双順単逆數，若除去參五与前同。

四九為太陽，二七為少陽，一六為太陰，三八為少陰。

挨星口訣　即龍到頭口訣也此乃言顛倒之意

南水北火冬倒夏　東金西木春倒秋　後賢欲用無縫鎖　却把廉貞作鎖喉

四三二一順推去　六七八九逆排回・左圓右轉混沌陣　天機透徹配仙傳

廉貞配五為太極在中挨星九宮扣五不用故五行位中缺一位也起星無定位易曰剛柔相摩八卦相盪而成六十四卦大陽氏曰天地定位陰陽遞更輿語章曰坤壬乙艮丙辛盖九宮飛吊挨如無定順宮挨則星數逆也坤壬乙坤位二宮也壬一宮乙三宮比如坤二宮起星必倒排到壬一宮歷九八七六四三宮止方能定卦又反挨三宮至四六七八九一到二宮則卦爻雜乱而非一氣二故曰坤壬乙又如二十四山之坤上起貪一於二上乃地風

升到壬巨二加於一宮乃風地觀將祿三加九宮乃火天大有將文四加八宮乃澤雷隨將武曲六加七宮乃山水蒙將破軍加六宮乃水山蹇也將輔八加四宮乃雷澤歸妹將弼九加三宮乃天火同人此坤二起貪歷遍九宮而成一局也卦爻不亂故九宮之起星辰也其宮乃地盤是二一九八七六四三其星乃貪一巨二祿三文四武六破七輔八弼九順也宮為地盤星為天盤一順一逆自然之道天地兩氣合成一卦故曰天寶地符運佈四時周流六虛而成天地萬古不易之道此所謂古今秘密口口相傳不輕易洩以干天怒也一宮如此宮宮如此舉一反三則得之矣

巨門從頭出

升卦☷☴天二本武曲曲而曰巨門謂与巨門同天元龙也　反者乃澤地萃是文曲也内外卦易位乃風地观二是巨門

位位是破軍

貪一加八宮乃地雷復卦☷☳八　順乃巨門　反看乃山地剝謂位位是破軍

盡是武曲位

貪一加四宮乃地澤臨也☷☱順看是祿存反看乃風地觀是武曲也

貪狼一路行

貪一加三宮乃地火明夷☷☲明夷輔星也輔星無位借寄於四爻武曲宮又以蛊卦變卦後天排位分宮次序當寄於六爻貪狼之位盖貪狼為諸卦統領

主卦也父卦也而臣卦子孫卦不得輕而竒借之也聖人誨人知進知退有代有謝故反退一位借竒於四爻而守臣子之節故輔星可兼貪狼貪狼亦可兼輔星貪即輔也輔即貪也與諸數語包含兼星運卦之妙用也

大九運令星　令星乃值時令之星也

山峰与坐向用令星入中順行之卦氣為生旺吉　水与路氣用令星入中逆行之卦為生旺吉　卦逢時生旺吉　逢死敗凶

令星順逆數例

一白	二黑	三碧	四綠	五黃	六白	七赤	八白	九紫
九	三	二	五	太極	五	八	七	一
八	四	一	六		四	九	六	二
七	五	九	七		三	一	五	三
六	六	八	八		二	二	四	四
五	七	七	九		一	三	三	五
四	八	六	一		九	四	二	六
三	九	五	二		八	五	一	七
二	一	四	三		七	六	九	八
一	二	三	四		六	七	八	九

令星從下數上

九宮順逆圖起貪例

一	二	三	四	五	六	七	八	九
二	一	四	三	太極	七	六	九	八
三	九	五	二		八	五	一	七
四	八	六	一		九	四	二	六
五	七	七	九		一	三	三	五
六	六	八	八		二	二	四	四
七	五	九	七		三	一	五	三
八	四	一	六		四	九	六	二
九	三	二	五		五	八	七	一
一	二	三	四		六	七	八	九

四三二一為順

六七八九為逆

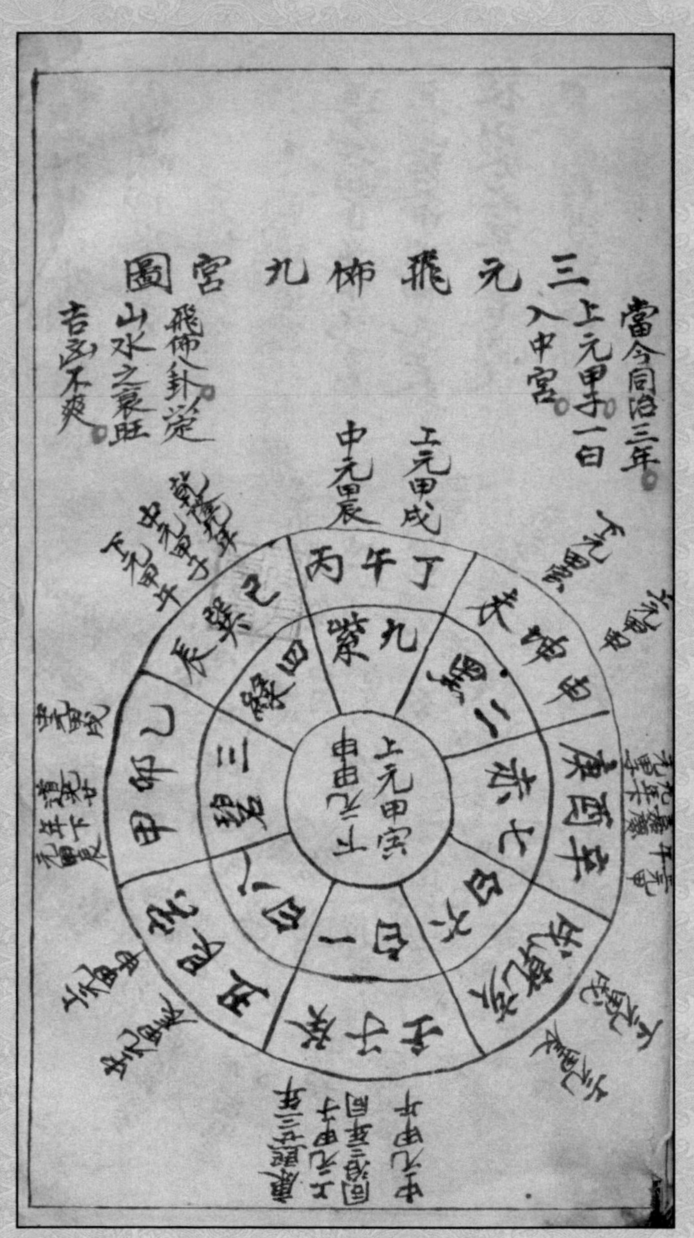

三元飛佈九宮圖
當今同治三年
上元甲子一白
入中宮
飛佈八卦逆
山水之衰旺
吉凶不爽

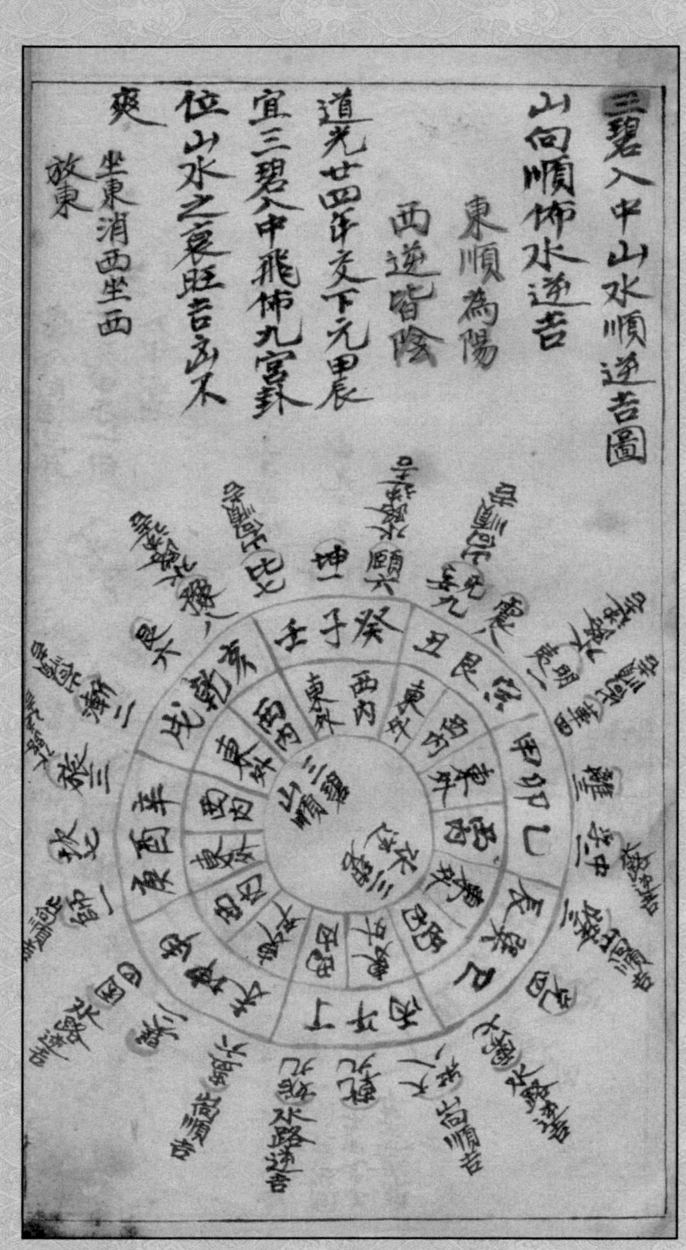

三碧入中山水順逆吉圖

山向順佈水逆吉　東順為陽　西逆皆陰

道光廿四年交下元甲辰宜三碧入中飛佈九宮録位山水之衰旺吉凶不爽

坐東消西坐西放東

下元甲辰三碧令星入中順挨之星卦皆在甲庚壬丙并辰戌丑未之上九山峰坐向與陽宅之坐向江東之卦外三爻為吉為生旺水與路氣逆挨三碧之星卦皆在乙辛丁癸并寅申巳亥之上九水口城門陽宅之路氣江西卦內三爻為吉為生旺九三元九運令星定卦之例亦是如此挨排舉一三碧之令星為例餘皆倣此所謂舉一反三也学者神而明之則黃金滿宇宙矣

姜氏曰有人識得卦與爻遍地盡是黃金佰者此之謂也

山龍水龍有時而吉有時而凶者運之重也此乃指山向水不絕而雜者言之也若山水坐向配合得宜運不必拘也小運二十年一換大運令星九十年一轉之中必能挨到九陰地有葬二三十年而發者亦有遲至四五十年而發者

速者亦須一紀十二地支一週迴而發才福禍葬將當元當令其吉固不待言若失令过了一二十年亦必交吉運恰与地當發之期相合豈不美哉然以愚見擇地祇求卦氣純而不雜山向与水神合吉即是而於運不必趨忌可也此二圖雖言令星而分元定卦之例純而不雜之理亦在於此学者熟而思之星卦明而理氣曉大地可卜矣但大地乃天地之至寶積德之家方能葬之鬼神不譴責擇地之人告無罪矣葬一吉地尚要積善之家則知斯道者豈不更重乎凡行道在外道在吾心法在吾口凶地固不可代人葬速人之禍大地亦不可輕拼以干造物之忌余于此二十載二者無日不惕於心焉學斯道者只宜用以葬親不可借以覓利勉人慎之

天玉經

江東一卦從來吉。八神四箇一。

江西一卦排龍位。八神四箇二。

南北八神共一卦。端的應無差。

每宮有四卦。而只用三卦之爻者何也。輔弼無正位。乃寄位者。所謂輔佐斗以成功也。輔寄魁四。弼寄罡三。天玉經謂借庫廿是也。

乾	坎	艮	震	巽	離	坤	兌
壬戌	戊子	丙寅	庚戌	辛卯	己巳	癸酉	丁未
壬申	戊戌	丙子	庚申	辛巳	己未	癸亥	丁酉
壬午	戊申	丙戌	庚午	辛未	己酉	癸丑	丁亥
甲辰	戊午	丙申	庚辰	辛酉	己亥	乙卯	丁丑
甲寅	戊辰	丙午	庚寅	辛亥	己丑	乙巳	丁卯
甲子	戊寅	丙辰	庚子	辛丑	己卯	乙未	丁巳

金龍動用混天甲子適年支及納甲訣

此訣乃此書之扼要俱妙全在於斯

此例則卜卦中之乾宮
甲子外壬午 子寅辰
午申戌
坎宮戊寅外戊申
艮宮丙辰外丙戌
震宮庚子外庚午
巽宮辛丑外辛未
離宮己卯外己酉
坤宮乙未外癸丑
兌宮丁巳外丁亥

八七六五四三二一

轉轉　　持世

三四五四三二一六

譬如乾卦六爻從初爻變姤二爻變遯三爻變否作內卦四爻變觀五爻變剝六

爻變坤作外卦外三爻復作乾或上爻不變仍用剝再四爻變晉內三爻全

變左輔七轉四大有右弼轉三

餘七宮照此爲例依周易卦后二卦屬左輔右弼即游魂歸魂二卦

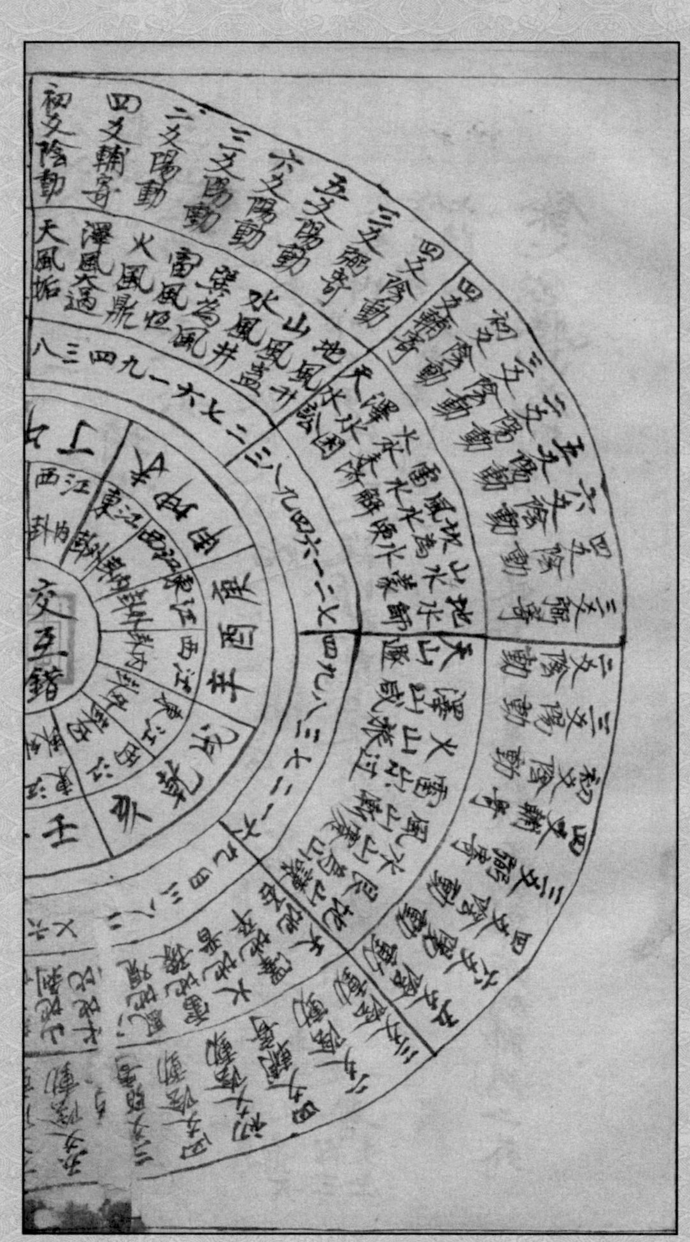

八神共一卦

外三爻　內三爻

江東　江西

☰乾　☰乾

乾夬大壯　泰大畜需

六五四　三二初

陽陽陽　陽陽陽

爻爻爻　爻爻爻

江東江西則陽陽儀陰儀之名凡用上卦之陽儀穴必收下卦之陰儀口若扦下卦之陽儀穴須收上卦之陰儀口故青囊經中陰用陽朝陽用陰應

八神共一卦

江東　江西

☷坤　☷坤

坤剝觀　否萃豫

六五四　三二初

陰陰陰　陰陰陰

爻爻爻　爻爻爻

○○八神共一卦
外三爻　內三爻
江東　江西
☱兌　☱兌
兌履睽　損澤臨
六五四　三二初
陰陽陽　陰陽陽
爻爻爻　爻爻爻

○○八神共一卦
外三爻　內三爻
江東　江西
☶艮　☶艮
艮謙蹇　咸遯旅
六五四　三二初
陽陰陰　陽陰陰
爻爻爻　爻爻爻

○○八神共一卦
外三爻　內三爻
江東　江西
☲離　☲離
離豐革　既濟家人賁
六五四　三二初
陽陰陽　陽陰陽
爻爻爻　爻爻爻

○○八神共一卦
外三爻　內三爻
江東　江西
☵坎　☵坎
坎渙蒙　未濟解困
六五四　三二初
陰陽陰　陰陽陰
爻爻爻　爻爻爻

八神共一卦

外三爻　內三爻

江東　江西

☳震　☳震

震噬嗑无妄　益屯復

六五四　三二初

陰陰陽　陰陰陽

爻爻爻　爻爻爻

八神共一卦

外三爻　內三爻

江東　江西

☴巽　☴巽

巽井升　恒鼎姤

六五四　三二初

陽陽陰　陽陽陰

爻爻爻　爻爻爻

吉

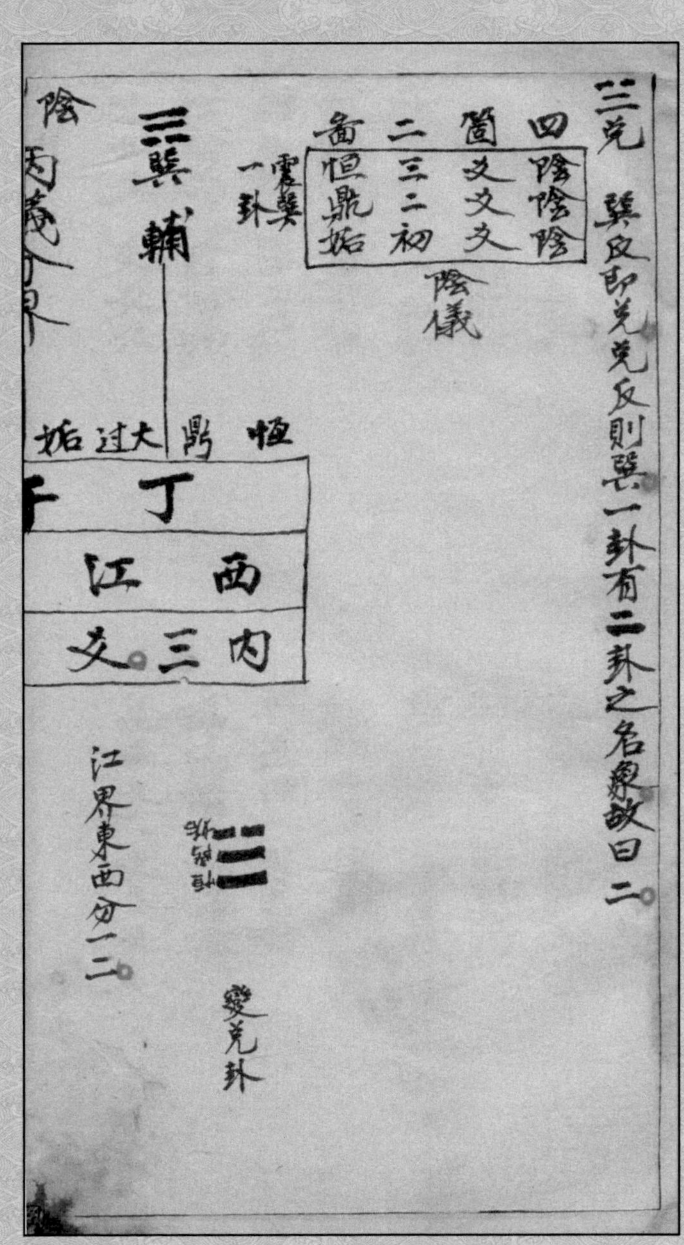
☱兌 巽反即兌兌反則巽一卦有二卦之名象故曰二
四 陰陰陰
箇 爻爻爻
二 三二初
畜 恒鼎姤
陰儀
☴巽 輔
震巽一卦
陰
丙 義 界
恒 鼎 大过 姤
丁
西 江
内 三 交
江界東西分一二
☱
變兌卦

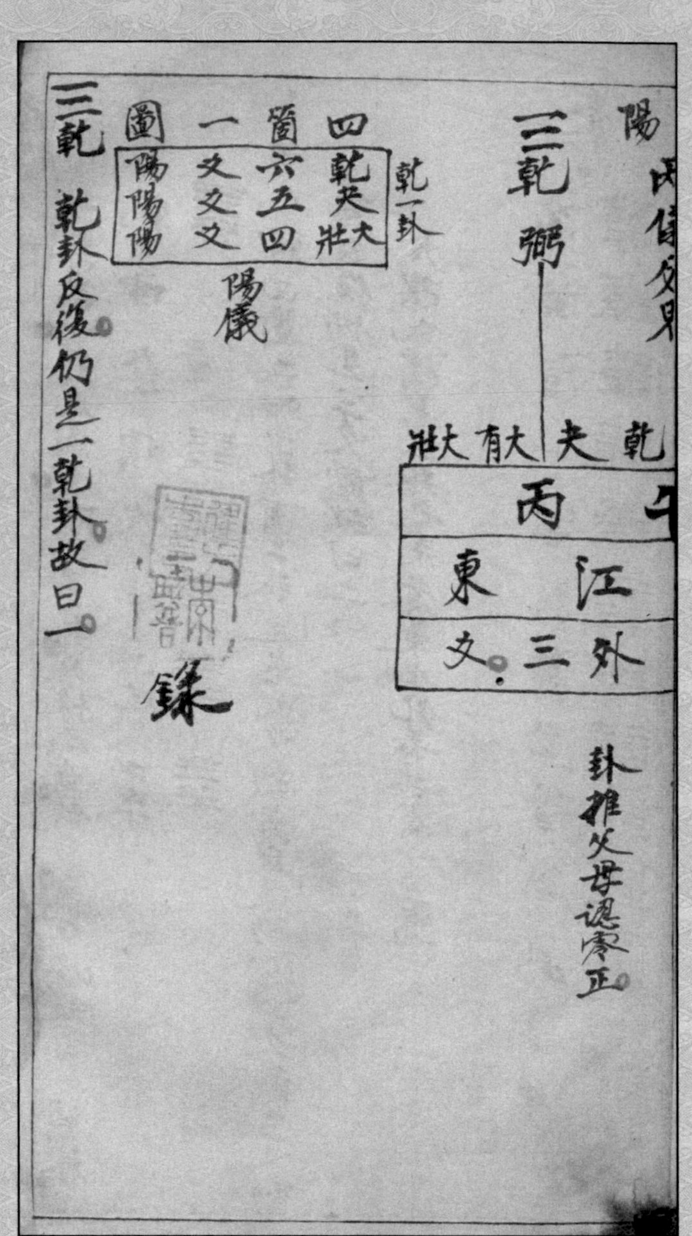
陽
丙儀父母
三乾 鄕
乾 夬 大有 大壯
丙
東 江
文 三 外
卦推父母認零正
乾一卦
四乾夬大壯大
箇六五四
一爻爻爻
圖陽陽陽
陽儀
三乾 乾卦反復仍是一乾卦故曰一
錄

一卦只一卦之用者有八箇卦反復只有形象無變換故曰八箇卦

乾　坤　大過　頤　坎　離　小過　中孚

八神四箇二雖一卦有二卦之名四爻動者反復仍是四爻動三爻動者反復仍是三爻動故曰二

大鴻氏謂兼三卦之用者是也此等共有十二焉

震　晉　同人　比　需　蠱　歸妹　否　泰　益　咸　隨

動則變也

艮兌大有師訟晉漸泰蹇損恆盤

順初爻動逆五爻動共八箇卦初爻動是奇陽五爻動亦是奇陽

地元六　大過五爻動　井五爻動　[illegible]　[illegible]五爻動　[illegible]五爻動　[illegible]五爻動　[illegible]

天元八　姤初爻動　困初爻動　賁初爻動　豫初爻動　小畜初爻動　旅初爻動　復初爻動　節初爻動

天元可以兼地用

順看初爻動乃天元逆看五爻動乃地元一卦有二卦之名有卦之

用又與前之十二卦有別也而象名似有三焉而實未能　三卦之用

者寶照經曰天元可兼地元者是也順看天元是正神逆看地元即零神正神正位裝收水之法宜在十字之前零神宜在十字之後故曰明堂十字有微元學者宜深玩之

順二逆四共八箇卦二爻動者是耦陰四爻動者亦是耦陰

天元二

大壯四爻動　蒙四爻動　无妄四爻動　蹇四爻動　睽四爻動　革四爻動　觀四爻動　升四爻動

地元四

遯二爻動　屯二爻動　大畜二爻動　解二爻動　家人二爻動　鼎二爻動　臨二爻動　萃二爻動

地元可兼天元用

順看是二爻動逆看是四爻動二爻動者乃地元四爻動者乃天元地

元可以東天元此八卦与前姤困賁豫萃卦是也用寔有二而名則似

十字正神当生旺時未有三焉凡收水之法宜十字之前收正神比如遯卦水宜向渙卦并升

卦收之所謂正神正位裝是也倘有睽卦水与革卦无妄卦有水則宜

交生時為前退運時十字之後入零堂封入者莫大焉而正神之遯卦乃內二爻革與无妄

為零神萃卦乃外四爻而內二爻之水必倣外五爻之向以收之內二爻乃西

卦外五爻乃東卦凡元運水西內吉則東外凶在元運之中為生旺故

宜十字之前不在元運有收敗故宜在十字之後封入學廿思之地

理所謂理氣乃　本周易河洛之理易所重廿曰交互錯綜交廿謂內

初二三爻俱在內四五六天元与外天元交內地元与外地元交內人元与外人元交一与四交二

爻俱在外 初爻六八二 爻地四三爻 新父母九 四爻天二 五爻地六 六爻老父母 聚內外合十 收水口

与五爻三与六爻爻者奇耦陰陽配合也互即含也錯謂坤壬乙等换星圖用洛書陰陽遁更九轉而成六十四卦是也綜者即是父母卦總之即一散之即子孫萬殊子孫總之則仍一父母卦

大陽氏謂抽爻换象是也一卦只一卦名而無反復者八箇卦一卦反復二有二卦之名而無二卦之用者十二箇卦一卦有二卦之名又有二卦之用者十六箇卦綜者總也反復之象也二十八箇加無反復八箇共三十六卦然此三十六卦已具六十四卦象矣邵子云乾遇巽時月窟地逢雷處見天根天根月窟常來往三十六宮都是春大陽氏謂抽爻换象圖觀相參天根月窟來往皆春學者寶而玩之

畫卦式

人	生	於	寅	一
地	闢	於	丑	一
天	開	於	子	一
人	生	於	寅	一
地	闢	於	丑	一
天	開	於	子	一

坤	一	貪	狼
巽	二	巨	門
離	三	祿	存
兌	四	文	曲
艮	六	武	曲
坎	七	破	軍
震	八	左	輔
乾	九	右	弼

一生二二生三三生萬物在其間凡六　大卦乃兼三才而兩之

名雖不同而物則一也比如兌卦其數則四其星則文曲餘卦皆同此類推然

都天大卦圖

人元龍	六爻	世	兌	坤	離	巽	震	艮
地元龍	五爻	世	謙	夬	渙	噬嗑	井	履
天元龍	四爻	世	蹇	大壯	蒙	无妄	升	睽
人元龍	三爻	世	咸	泰	未濟	益	恒	損
地元龍	二爻	世	萃	臨	鼎	家人	解	大畜
天元龍	初爻	世	困	復	旅	小畜	豫	賁

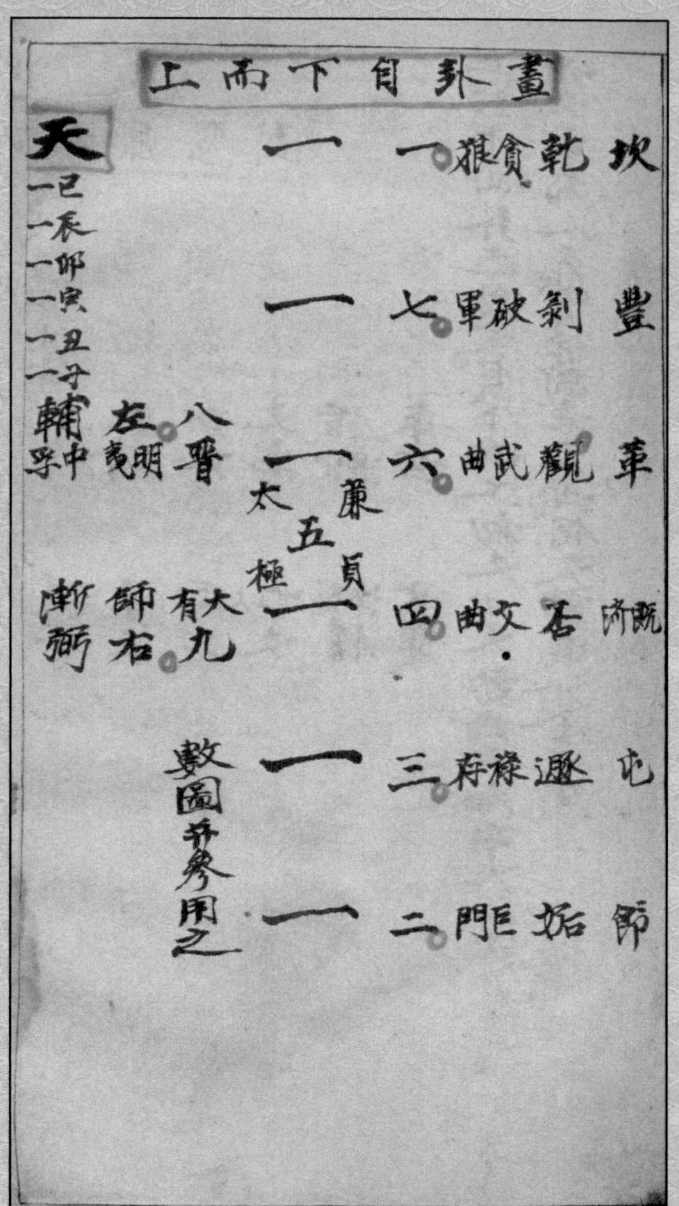
畫卦自下而上
坎 乾 貪狼 一
豐 剝 破軍 七
革 觀 武曲 六
廉貞 五 太極
既濟 否 文曲 四
屯 遯 祿存 三
節 姤 巨門 二
八 晉 左輔
大有 九 右弼
數圖并參用之
天
一巳 一辰 一卯 一寅 一丑 一子

根月窟圖

亥戌酉申未午

大過寄　隨寄
頤在　蠱在
訟四　同人三
需爻　比爻
小過借　歸妹借
庫世　世庫

上六十四卦之動爻自下而上初爻四爻動為天元二爻五爻動為地元三爻六爻動為人元實係新老父母何爻動為分金之用

寶照經謎語圖

亥丙酉癸未巽
巳壬卯丁丑艮
申庚午辛戌坤
寅甲子乙辰乾
壹七六五四三二 太極
支干支干支干
耦奇耦奇耦奇
四四四四四四
季仲孟季仲孟

乾坤艮巽子午卯酉 四孟
辰戌丑未甲庚壬丙 四仲
乙辛丁癸寅申巳亥 四季

疑收來水非去水

非二十四山之子午卯酉辰戌丑未也

所謂子午卯酉（四正）之山向配乾坤艮巽（四隅）之水

乾坤艮巽（四隅）之山向配子午卯酉（四正）之水

辰戌丑未（四隅）之山向配甲庚壬丙（四正）之水

甲庚丙壬（四正）之山向配辰戌丑未（四隅）之水

寅申巳亥（四隅）之山向配乙辛丁癸（四正）之水

乙辛丁癸（四正）之山向配寅申巳亥（四隅）之水

天根月

陽生

卦	月建		月		律
䷀乾	巳月	天二	四月	孟	仲呂
䷪夬	辰月	天六	三月	季	姑洗
䷡大壯	卯月	天三	二月	仲	夾鍾
䷊泰	寅月	天九	正月	孟	太簇
䷒臨	丑月	天四	十二月	季	大呂
䷗復宮	子月	天八	十一月冬至	仲	黃鐘

此天根月窟皆由乾坤交姤而成

竅之圖

陰生

故初爻交而成復姤 二爻交成臨遯 三爻交成否泰

上爻交易位 應鐘	無射	南宮	夷則	林鍾	蕤賓
坤	剝	觀	否	遯	姤
亥月	戌月	酉月	申月	未月	午月
一仌	一巽	一天二	一允	一擋	一天八
十月	九月	八月	七月	六月	五月 夏至
四孟	四季	四仲	四孟	四季	四仲
餘八卦一氣同	五爻交 ䷖	四爻交 ䷓	䷋	䷠	䷫

此所謂取仲之爻為天元龍 一畫開天 取四季之爻為地元龍 二畫闢地 取四孟之爻為人元龍 三畫生人 天地人三才之道也

分兑定位章

兑山收咸口咸山必收兑口

新老父母合十收口之法

兑　坤　離　巽　震　艮　坎　乾

陽儀一

山可借輔
水可借弼

咸　泰　未濟　益　恒　損　既濟　否

陰儀九

益山收巽口巽山收益口

兑　坤　離　巽　震　艮　坎　乾

陽儀一

山可借弼
水可借輔

乾山收否救水口
否山收乾救水口

咸　泰　未濟　益　恒　損　既濟　否

陰儀九

人元龍　山澤通氣　三　貪　山　坐山　向　可　借　輔

人元龍　三　文　來　去水　水　可　借　弼

人元龍　山澤通氣　三　貪　來　去　水　水　可　借　輔

人元龍　三　文　山　坐　向　山　可　借　弼

明夷居先天離

坐山

收坎中師卦之

口頭居先天震

收巽中盤卦之口

明夷屬坎頭屬巽不用謹慎之意恐有水蟻也

此山澤通氣局也兼貪狼兼右弼兼右弼各有抄用

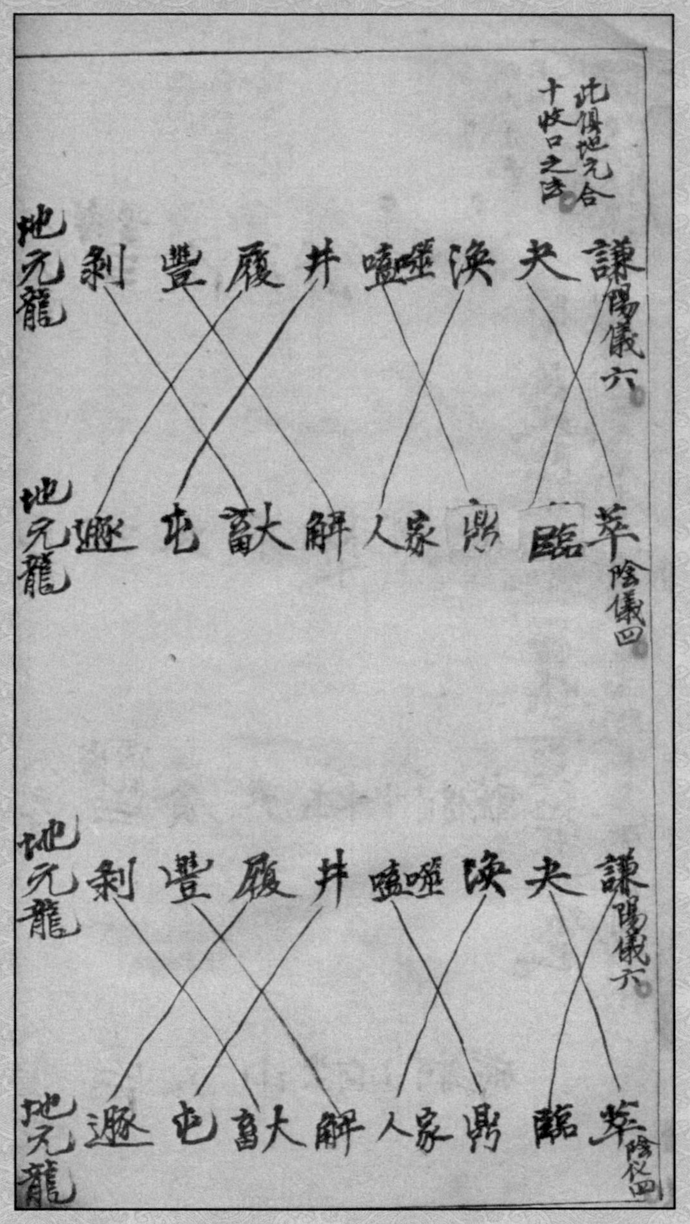
此陽地元合
十收口之法
謙陽儀六
夬
渙
噬嗑
井
履
豐
剝
地元龍
萃陰儀四
臨
睽
家人
解
大畜
屯
遯
地元龍
謙陽儀六
夬
渙
噬嗑
井
履
豐
剝
地元龍
萃陰儀四
臨
睽
家人
解
大畜
屯
遯
地元龍

天地定位

☰ 破軍山坐向

☰ 祿存水來去

☰ 破軍水來去城門

☰ 祿存山坐向來脈星峯

父母名貪狼為一九地元名文曲武曲乃四六用四六宜兼一九是一六四九雙雙起

此天地定位局主出貴父母氣也

凡來水去水則城門也山可兼貪狼非取貪狼也謂卦位近貪狼

乾坤近夬剝偏山峯与穴祖大宜挨乾坤之位雖出卦貪狼乃卦

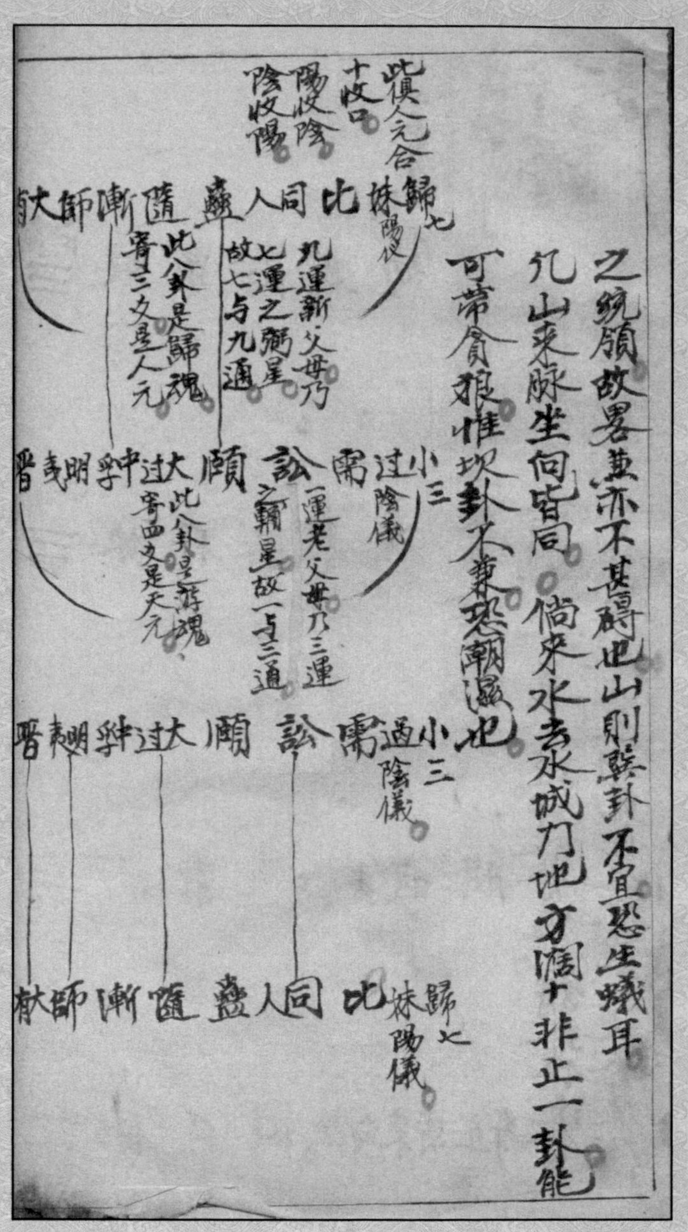

之統領故畧兼亦不甚碍也山則蹊卦不宜恐生蟻耳

凡山來脉坐向皆同倘來水去水城門地方濶大非止一卦能

可帶貪狼惟坎卦不兼恐潮濕也

此眞人元合十收口
陽收陰
陰收陽

歸妹七 陽儀　比　同人　蠱　隨　漸　師　大有

九運新父母乃七運之弼星故七与九通

此八卦是歸魂寄三爻是人元

小過三 陰儀　需　訟　頤　大過　中孚　明夷　晉

一運老父母乃三運之輔星故一与三通

此八卦是遊魂寄四爻是天元

小過三 陰儀　需　訟　頤　大過　中孚　明夷　晉

歸妹七 陽儀　比　同人　蠱　隨　漸　師　大有

天元龍　水可兼右弼

天元龍　山可兼左輔

天元龍　水可兼左輔

天元龍　山可兼右弼

此人元之乙辛丁癸也。故曰取天元而非純乎天元也。有人元乙辛丁癸人元借庫，誤扦歸魂，若無水救，六年內傷丁；誤扦游魂，無水救，破財。

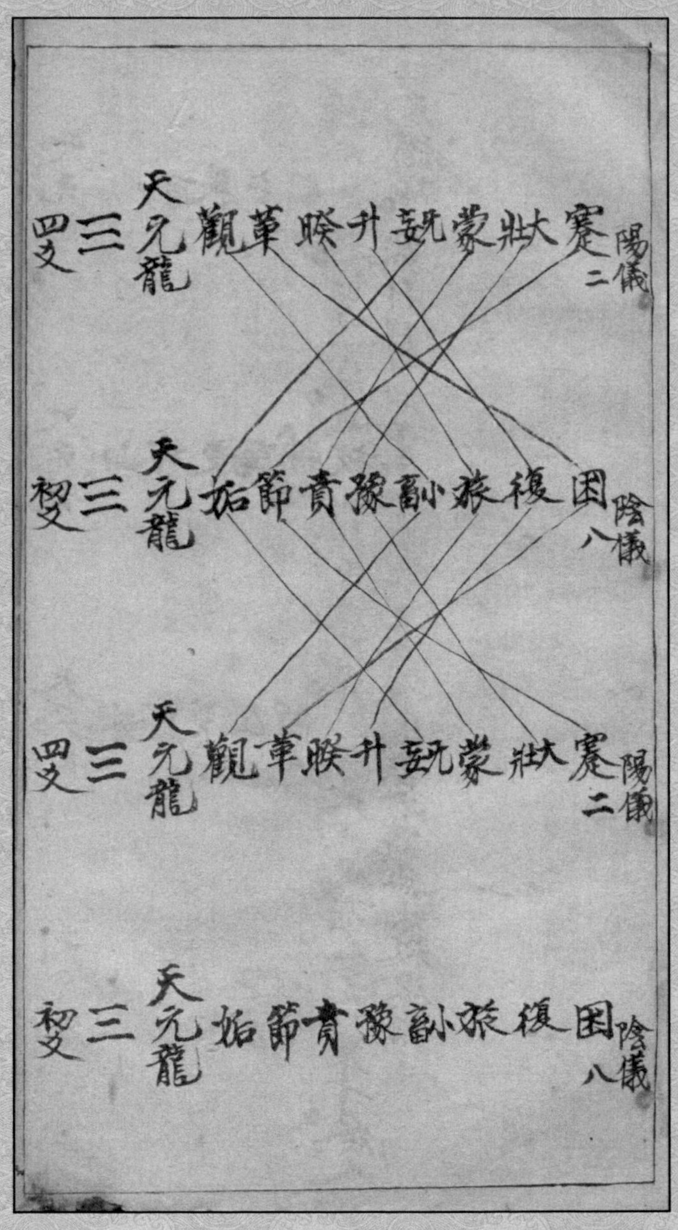
陽儀二
蹇
大壯
蒙
无妄
升
睽
革
觀
天元龍
三
四爻
陰儀八
困
復
旅
小畜
豫
賁
節
姤
天元龍
三
初爻
陽儀二
蹇
大壯
蒙
无妄
升
睽
革
觀
天元龍
三
四爻
陰儀八
困
復
旅
小畜
豫
賁
節
姤
天元龍
三
初爻

武曲 山脈 穴星 山峯 坐向

巨門 來水 去水 水口 城門

武曲 來水 去水 水口 城門

巨門 山脈 穴星 山峯 坐向

所謂干支並出最豪雄也 天元廣大包含輔弼諸卦正神〻神乃天元兼卦之妙用自庫借庫亦天元輔弼之妙用天元乃三八為朋二七同道所謂雷根搏水火不相射者也蓋雷動必有電雨至必風狂此天地自然之道非比山澤通氣天地定位之局不甚周離也

青囊序曰看雌雄者即陰陽也非二十四山干支陰陽亦非八卦之陰陽乃天根月窟之陰陽也蓋卦初爻一畫為奇則是陽四爻為耦則是陰故曰陰

与陽配合是也如二爻為禍是陰則五爻是奇為陽配合如三爻為奇是陽則用六爻為禍是陰配合山是陽用水則陰水是陽用山則陰也比如天心一卦入中宮左行一氣是陰右行一氣即是陽故曰陽從左邊團團轉陰從右路轉相通試以坤一順局与坤一逆局參之便洞然明白矣

陽律陰呂圖

午 未 申 酉 戌 亥 子 丑 寅 卯 辰 巳

一二三初
巽離兌坤
陰陰陰陰
酉亥丑卯巳未
●●●●●●

三二二初
艮坎震乾
陽陽陽陽
戌申午辰寅子
○○○○○○

納甲五行
乾納甲坤納乙震納庚巽納辛坎納戊癸離納己壬艮納丙兌納丁

後天次序生支神圖
卜家曰持世

懸負曰金龍動〻則變〻則化化則干支見焉

如未山丑向
震在丑震外上爻
戌持世收益卦內爻
辰字口是內外辰戌
相沖大凶當借頤卦
外爻戌字口收之方
救反吟伏吟之害也
若借屯卦內爻寅
字口救之吉亦頤乃
救後之用

世世世世世世世世
戌辰酉子未卯午丑
長房乾大有晉剝觀否遯姤

子午丑申亥亥寅巳
二房坎師明夷豐革既濟屯節

寅申未申酉丑寅卯
三房艮漸中孚履睽損大畜賁

戌辰亥戌丑酉辰未
長房震隨大過井升恒解豫

世世世世世世世世
卯酉戌未午辰丑子
長房巽蠱頤噬嗑无妄益家人小畜

巳亥午巳戌午亥辰
二房離同人訟渙蒙未濟鼎旅

酉卯申酉午辰卯子
長房坤比需夬大壯泰臨復

未丑午亥申申巳寅
三房兌歸妹小過謙蹇咸萃困

大凡卦有六爻今只用動爻持世之支神實照經曰反吟伏吟者比如乾

卦上爻持世渾天甲戌戌向用泰泰卦內三爻渾天甲辰內外相冲是謂反吟伏吟其地雖發必有大凶又如姤丑卦水向做觀未亦是反吟伏吟又如遯午卦水做剝子卦向否卯卦水用坤酉卦向晉酉卦水做大有辰向卯酉相冲辰戌相冲皆是反吟伏吟也餘倣此

子午相冲丑未相冲寅申相冲卯酉相冲辰戌相冲巳亥相冲凡相冲皆主凶事水來水去與向上忌之坐山不忌

察此分金必用內爻始能相合譬如乾卦向內爻應辰泰水口外爻應酉相合

坤向甲否水戌相合遯水申剝向巳相合姤水外午觀向內未相合含章氏批

六爻齊	乾	坎	艮	震	巽	離	坤	兌
一	人元龍							
五爻變	剝	豐	履	井	噬嗑	渙	夬	謙
六	地元龍							
四爻變	觀	革	睽	升	无妄	蒙	大壯	蹇
二	天元龍							
三爻變	否	既濟	損	恒	益	未濟	泰	咸
九	人元龍							
二爻變	遯	屯	大畜	解	家人	鼎	臨	萃
四	地元龍							
	姤	節	賁	豫	小畜	旅	復	困
八	天元龍							

自下變上

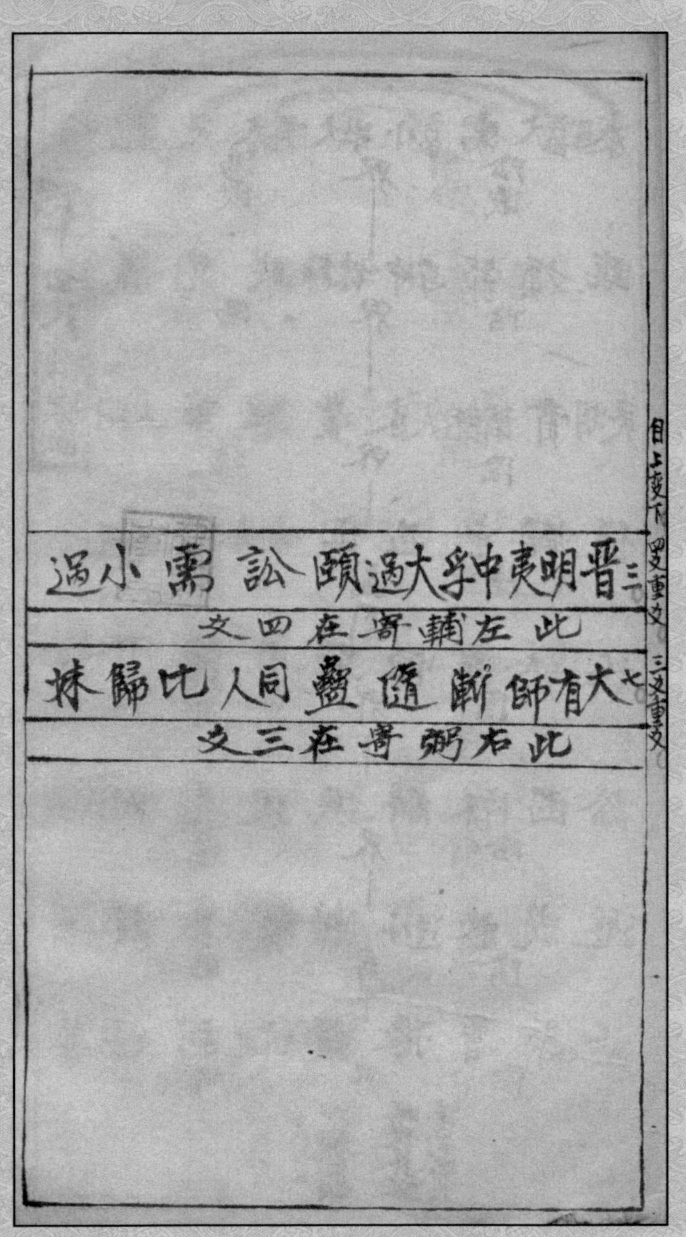
三 晉 明夷 中孚 大過 頤 訟 需 小過
此左輔寄在四爻
七 大有 師 漸 隨 蠱 同人 比 歸妹
此右弼寄在三爻
自上變下 四爻重爻
三爻重爻

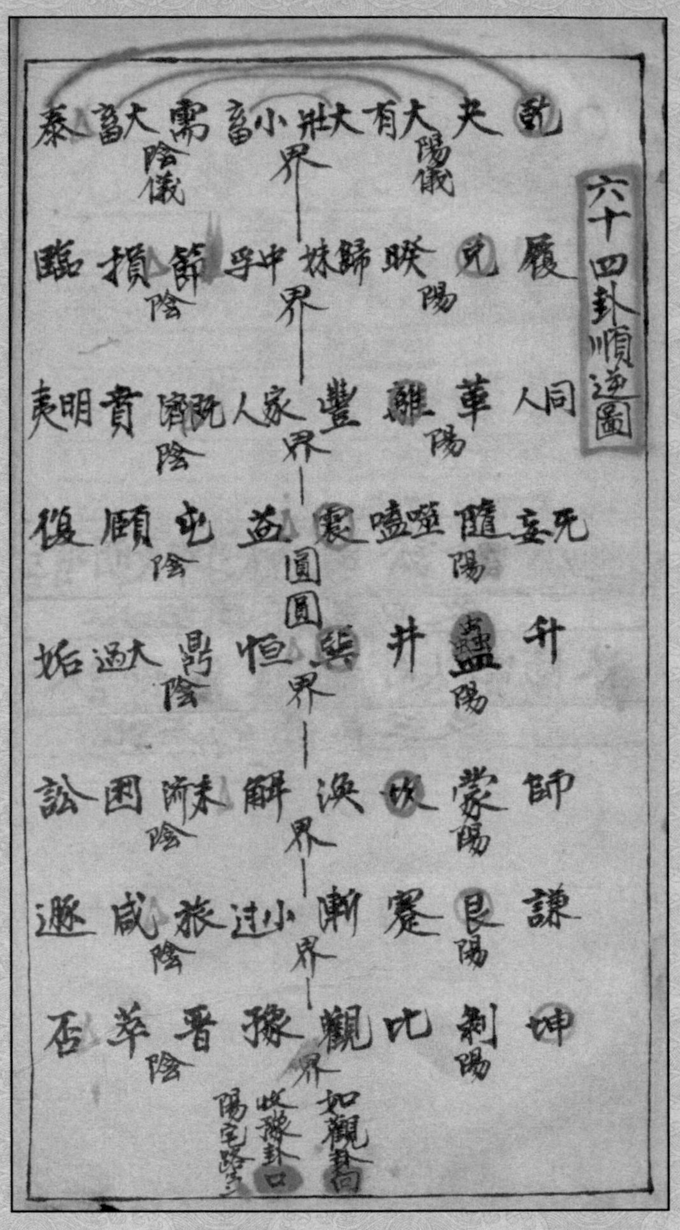
六十四卦順逆圖
乾 夬 大有 大壯 小畜 需 大畜 泰
陽儀 界 陰儀
履 兌 睽 歸妹 中孚 節 損 臨
同人 革 離 豐 家人 既濟 賁 明夷
无妄 隨 噬嗑 震 益 屯 頤 復
圓圓
升 蠱 井 巽 恒 鼎 大過 姤
師 蒙 坎 渙 解 未濟 困 訟
謙 艮 蹇 漸 小過 旅 咸 遯
坤 剝 比 觀 豫 晉 萃 否
如觀卦局
收豫卦口

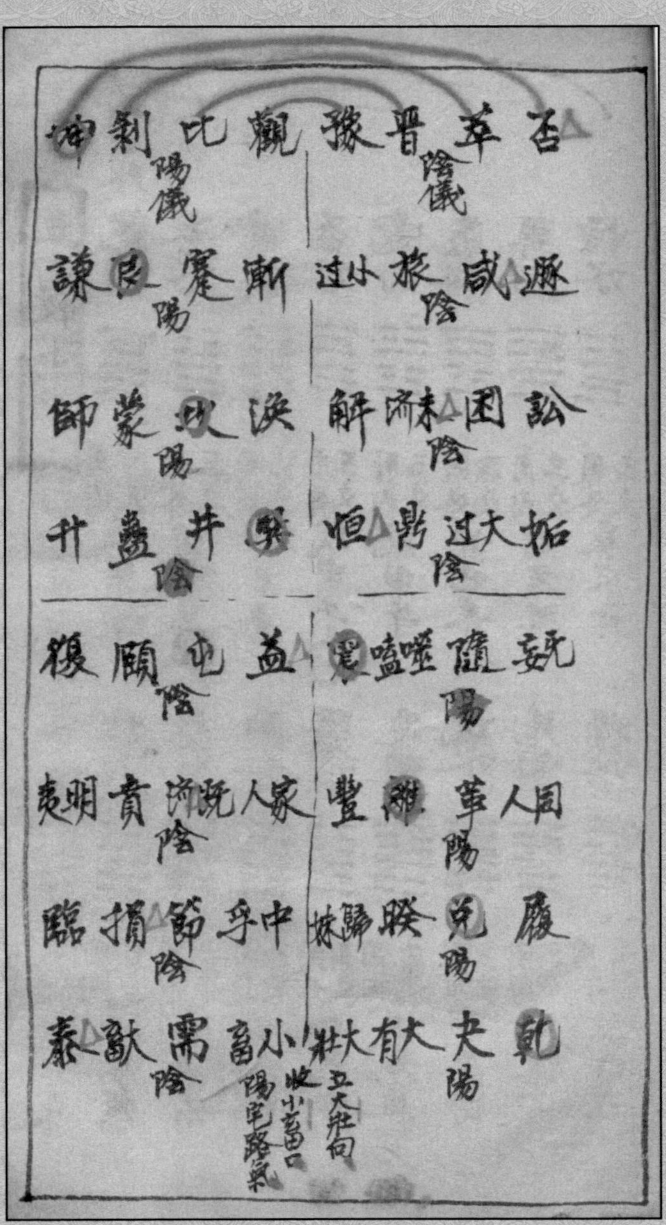
否 萃 晉 豫 觀 比 剝 坤
陰儀 陽儀
遯 咸 旅 小過 漸 蹇 艮 謙
陰 陽
訟 困 未濟 解 渙 坎 蒙 師
陰 陽
姤 大過 鼎 恒 巽 井 蠱 升
陰 陰
无妄 隨 噬嗑 震 益 屯 頤 復
陽 陰
同人 革 離 豐 家人 既濟 賁 明夷
陽 陰
履 兌 睽 歸妹 中孚 節 損 臨
陽 陰
乾 夬 大有 大壯 小畜 需 大畜 泰
陽 陰
丑大壯向
收小畜口
陽宅路氣

立向收水

新老父母卦　人元

向／水	卦	用爻	支
乾向	䷀	用內三爻	辰寅子
泰水	䷊	用外三爻	酉亥丑
坤向	䷁	用內三爻	卯巳未
否水	䷋	用外三爻	戌申午
震向	䷲	用內三爻	戌申午
益水	䷩	用外三爻	卯巳未
巽向	䷸	用內三爻	酉亥丑
恒水	䷟	用外三爻	辰寅子
坎向	䷜	用內三爻	午辰寅
未濟水	䷿	用外三爻	未酉亥
離向	䷝	用內三爻	丑卯巳
既濟水	䷾	用外三爻	子戌申
艮向	䷳	用內三爻	申午辰
咸水	䷞	用外三爻	巳未酉
兌向	䷹	用內三爻	亥丑卯
損水	䷨	用外三爻	寅子戌

地元卦

卦	卦象	用爻	納支
謙六向	䷎	用內三爻	申午辰
萃四水	䷬	用外三爻	巳未酉
夬六向	䷪	用內三爻	辰寅子
臨四水	䷒	用外三爻	酉亥丑
渙六向	䷺	用內三爻	午辰寅
睽四水	䷥	用外三爻	未酉亥
噬嗑六向	䷔	用內三爻	戌申午
賁四水	䷕	用外三爻	卯巳未
蹇二向	䷦	用內三爻	申午辰
井六向	䷯	用內三爻	酉亥丑
解四水	䷧	用外三爻	辰寅子
履六向	䷉	用內三爻	亥丑卯
大畜四水	䷙	用外三爻	寅子戌
豐六向	䷶	用內三爻	丑卯巳
比四水	䷇	用外三爻	子戌申
剝六向	䷖	用內三爻	卯巳未
遯四水	䷠	用外三爻	戌申午
升向	䷭	用內三爻	酉亥丑

天元卦

困八水　用外三爻　巳未酉　豫水　用外三爻　辰寅子

壯二向　用内三爻　辰寅子　睽二向　用内三爻　亥丑卯

復八水　用外三爻　酉亥丑　賁水　用外三爻　寅子戌

蒙二向　用内三爻　午辰寅　革二向　用内三爻　丑卯巳

旅八水　用外三爻　未酉亥　節水　用外三爻　子戌申

乾二向　用内三爻　戌申午　觀二向　用内三爻　卯巳未

小畜水　用外三爻　卯巳未　姤八水　用外三爻　戌申午

凡卦有六爻今只用動爻持世之爻神寶照經曰返吟伏吟者如乾卦上爻持世運天居戌向用泰泰内三爻属辰内外相冲其地雖發必主有大凶故求正之 凡相冲皆主凶事水來者与向上忌之生凶不忌

歸魂游魂
人元游魂寄
四吉星天元借庫
歸魂寄人元三爻
新老父母借庫者
乃一三通
七与九通是也

妹七 ䷵ 用內三爻 亥丑卯
小過三 ䷽ 用外三爻 辰寅子
比七 ䷇ 用內三爻 卯巳未
需三 ䷄ 用外三爻 子戌申
同人七 ䷌ 用內三爻 丑卯巳
訟三 ䷅ 用外三爻 戌申午
蠱七 ䷑ 用內三爻 酉亥丑
頤三 ䷚ 用外三爻 寅子戌

隨七 ䷐ 用內三爻 戌申午
大過三 ䷛ 用外三爻 巳未酉
漸七 ䷴ 用內三爻 申午辰
中孚 ䷼ 用外三爻 卯巳未
師七 ䷆ 用內三爻 午辰寅
明夷 ䷣ 用外三爻 酉亥丑
有大 ䷍ 用內三爻 辰寅子
晉 ䷢ 用外三爻 未酉亥

渾天甲子安世應換法

首卦乾持世在六應在三　二卦姤持世在初應在四

三卦遯持世在二應在五　四卦否持世在三應在六

五卦觀持世在四應在初　六卦剝持世在五應在二

七卦晉游魂持世在四應在初　八卦大有持世在三應在六

外卦之六則內卦之三　外卦之五則內卦之二　外卦之四則內卦之初

三合局

亥卯未合成木局　寅午戌合成火局

巳酉丑合成金局　申子辰合成水局

斷年支定卦爻應驗禍福訣

八位父母卦陰陽輪流算從下而上第六位俱是父母卦每位每爻在何宮作干支其餘子孫卦上三爻上爻動下三爻下爻動比如乾卦為天則為父母卦第六爻在父母在上故居頂上然後從下算上初爻為天元龍二爻為地元龍三爻為人元龍上爻三爻為外卦第四爻為天元龍五爻為地元龍六爻為人元龍上三爻為江東為外卦下三爻為江西為內卦

今將河圖洛書配成先天卦每卦每爻動於何支圖例

乾為天 乾卦 子宮初爻動至六爻止

天風姤巽 姤卦 丑宮初爻動

天山遯艮 遯卦 辰宮二爻動

天地否坤卦　風地觀　山地剝　火地晉　輔卦（否卦）未宮三爻動

觀卦未宮四爻動　剝卦戌宮五爻動　晉卦酉宮四爻動

火天大有　鄧卦（有卦）辰宮三爻動

十干相合

甲與己合　乙與庚合　丙与辛合　丁与壬合　戊与癸合

地支相合

子与丑合　寅与亥合　卯与戌合　辰与酉合　巳与申合　午与未合

五行相生

金生水　水生木　木生火　火生土　土生金

五行相尅

金尅木　木尅土　土尅水　水尅火　火尅金

地支相刑

寅刑巳　巳刑申　申刑寅　丑刑戌　戌刑未　未刑丑

子刑卯　卯刑子　辰午酉亥自相刑

旬中空亡

甲子旬中空戌亥　甲戌旬中空申酉　甲申旬中空午未

甲午旬中空辰巳　甲辰旬中空寅卯　甲寅旬中空子丑

天干相生

甲木生丁火　乙木生丙火　丙火生己土　丁火生戊土
壬水生乙木　癸水生甲木　戊土生辛金　己土生庚金
庚金生癸水　辛金生壬水

正五行
東方甲乙寅卯木　南方丙丁巳午火
西方庚辛申酉金　北方壬癸亥子水
中央戊己辰戌丑未土

先天圖陰陽生死說

邵子方圓二圖圓圖象天一順一逆方圖象地有逆無順天圓象動一順一逆卦氣所以運地方者靜惟主乎逆卦畫所以成圓圖一順一逆者陽在陰中陽逆行陰在陽中陰逆行陽在陽中陰在陰中則皆順行此邵子先天圓圖論也圓左屬陽右屬陰自震一陽離兌二陽乾三陽為陽在陽中順行自巽一陰坎艮二陰坤三陰為陰在陰中順行坤為陽艮坎一陽巽二陽為陽在陰中逆行乾為陰兌離一陰震二陰為陰在陽中逆行此來子先天圓圖論也自震至乾左旋是陽生陽生者陽在陽中陽順也自巽至坤右旋是陰生陰生者陰在陰中陰順也陽生陰生生於復生於姤

震初爻爲陽爲一陽離初三爻陽兌初二爻陽爲二陽乾三爻俱陽爲三陽是陽生巽坎艮坤之三陰亦自初而上陰陽之生死如樹木之生死生自根至杪由下而上死自杪而及根自上而下

也自兌至坤右旋是陽死陽死者陽在陰中陽逆也自艮至乾右旋是陰死陰死者陰在陽中陰逆也陽死陰死了於坤死於乾也此陰陽順逆生死之理也朱子曰參明順逆之理方知生死之機故此順逆為水上陰陽龍上陰陽之大關竅也此處參透天機知生死秘奧盡矣不可視作空話忽過

伏羲四圖皆出於邵子蓋邵子得之李之材挺得之之材挺之得之穆脩伯長由希夷先生陳圖南者所謂先天之學也此圖圓佈者乾盡午中坤盡子中離盡卯中坎盡酉中陽生於子中（乃震之初爻始生也）極於午中（陽盛於南為乾）陰生於午中（乃巽之初爻始生也）極於子中（陰盛於北為坤）其陽在南其陰在北方佈者乾始於西北坤盡於東南其陽在北其陰在南（方圓靜地為陰逆）此二者陰陽對待之數圓於外者為陽方於中者為陰圓者動而為天方

（圓圖動天也）（陽順）

外爻內陰故震為雷為陽巽為風為陰是雷風相搏餘亦对待之卦

者靜而為地者也中方圖說卦傳曰雷以動之風以散之雨以潤之日以晅之艮以止之兑以說之乾以君之坤以藏之

繫辭傳曰易有太極是生兩儀兩儀生四象四象生八卦邵子曰一分為二二分為四四分為八說卦傳曰易逆數也邵子曰乾一兑二離三震四巽五坎六艮七坤八自乾至坤皆得未生之卦若逆推四時之比也而六十四卦次序仿此

二十四山分順逆共成四十有八局五行即在此中分祖宗卻從陰陽出陽從左邊團團轉陰從右路轉相通有人識得陰陽者何愁大地不相逢

兩片雖是太極中之

分順逆者龍分兩片陰陽取也此順逆從先天陰陽二氣分出是南北分

陰陽二氣為兩儀左陽右陰分順逆而行二十四山共取四十八局何也

蓋二十四山中有六十四卦陰出入元十六局仍有陰陽四十八局而分叁生地成地生天成之五行

却東西兩箇卦而分順逆南　分順逆兩局左陽順右陰逆陰山一局陰
陽陰陽取二十四陽水一局陽陰陽陰取二十四山二十四水二十四共
成四十八局有一局子癸至亥壬便有一局午丁至巳丙也　五行即在
此中分者逆一局中五行有天數地數逆分之而為陰五行順一局中五行有
天數地數順分之而為陽五行　祖宗却從陰陽出其山一局先天第一
陰生子孫是祖宗却不是坤生二生三是乾山祖宗從乾一陰出順至坤
上而北逆以西南為來脈水一局先天第一陽生子孫是祖宗却不是乾
生二生三是坤水祖宗從坤一陽出順至乾上而南逆以東北為歸墟是
故陽左轉陰右通左為陽陽左轉而交乎陰陰轉而陽轉也相通也子癸

至亥壬也右為陰陰右轉而交乎陽陽轉而陰轉也相通也午丁至巳丙也亥壬午丁逆接脈順行龍陰右路也陰在陰中陰順行也巳丙子癸逆四向順隨龍陽左路也陽在陽中陽順行也陽順則陽進陰退而逆陰順則陰進陽退而逆比之謂順逆也陰之生是陽之縮於其陽縮則為逆陽之生則陰之消於其陽盈則為順是順其陽之順逆其陽之逆而陰順陰逆其亦陽逆而收之順陽順而使之逆皆以陽為之機也故曰陽從左邊圍卜轉陰從右路轉相通也識此陰陽其陽識其順則陽生陰識其順則陰生（陰從陰轉識其陰相通）陽從陽轉識其陰相通水一局陽順不犯陽之逆水一局生山一局陰順不犯陰之逆山一局生此從先天陰陽二氣分出非一定局上之一順一

逆矣此陰陽有人識得則元澗元而又元何愁大地不相逢哉此節為奧[illegible]左為陽右為陰而言

青囊奧語解

上卷一六共宗二七同道三八為朋四九為友五十乃太極也太極本無極也所謂先天之數也天地含混七宿五德之氣未彰羲皇以天授之神智推測而知故曰化根而曰先天而天不違後天而奉天時中卷乃圣人仰觀天文俯察地理即遠取諸物近取諸身之義也夫天輕清星露於上者日月五星之昭回也地重濁承載於下者山川五岳之形象也天動健也陽也地静順也陰也通天地之氣者風雲雷電也天垂日月五星二十八宿之象於上地成山水草木鳴禽走獸之狀於下地之所鍾灵而生者

大而山川之形小而萬彙之品及蠢動翌蚊鳴等彙不可借勘於天之星象焉經曰剛氣上騰柔氣下凝人為萬物之灵与象類相異者人之太極全得天之清氣而生乃氣之正也物得氣之偏夫太極之全也得氣之正者謂生善其生死義其死故箕疇紀五福焉天之三垣七宿五星二十八宿聖人以十二宮而統攝之十二宮即承洛書九數九州之分野所由來也十二宮之星辰比如辰宮之星有角木蛟亢金龍等星此外仍有各星數十百等附寄於宮故辰一字以形象物以物名象豈有窮哉地理家唱形象類如山水透迤曲而長者或城門水口有卦氣之動爻及辰等名之曰龍形或曰蟠龍形或曰蛇形魚形以類形象即以象名物可而他宮亦

然是即聖人遠取諸物之意也而亦有近取諸身者不及有十二宮之分象圖乎

子　腎膀胱耳腰液坎卦殺重聽
丑　腹脾分及腿足巽卦煞跌足
寅　胆頭顙門筋脈髮震巽殺主出白毛与少髮
卯　肝血筋手背目艮卦主六指血痨
辰　皮膚肩及項頸与戌相冲主縊
巳　焦面靨頰齒咽主斫醜
午　心目神与血疾離卦煞主瞽目
未　胃腹口唇齒户兑卦煞主缺唇
申　屬大腸筋骨中主筋骨疾痛
酉　肺口鼻声血路兑卦主啞子
戌　乃命膝与脐胸主醜斫与亥見主嬖人
亥　膀胱骨髓二便户主淋疝主嬖人

十二宮六吉次舍

子丑寅卯未酉主文貴主豊財　辰巳午申戌亥主武貴

子丑主君后之尊　寅主宰輔之貴帝师之位　丑戌主文章

卯酉出神童年少科第　辰乃太师之星大將軍之職　子午卯

未武貴可至公侯文貴亦典軍　戌亥主出武文亦損輸　子午滿星

酉主女人　寅申丑未主壽星　辰戌巳亥主行武將軍　卯酉私門

巳亥園竅

十二宮宅式

子為房　丑為廳堂　午為明堂　寅申為路　卯酉為門户

未為井　辰戌為倉庫　亥為廄　巳為灶

凡宅式之方位佈置相合為吉刑冲為凶　非二十四山之方位乃坐

向与大門之卦位之動爻而言也

二十八宿分十二宮統屬名之曰十二次舍凡六十年逆縮一度子屬鼠丑屬牛等名也起于唐宋星術家不知大有㸔差則二十八宿次舍有前後之不同翌火蛇屬巳宮倘入辰宮亦以蛇斷可也然協紀謂十二宮恰与二十八宿相同請唐以前已有之未知其義宜博考可也十二次舍含庶物萬彙以象比物以形取義非筆能盡也

八卦主事章

乾為天為馬為金為首為君為父為頭痛為戰鬪

坤為地為牛為土為腹為母為牝馬為大腹為癡為痧症

坎為水為魚為江海為腎為中男為血為耳為溝為盜賊為賭博

離為火為魚為雉為目為中女為骨紅線為火庭為網罟為瘦為文書為卒

震為雷為龍為長男為樹木主損壞棺為肝為健訟為靈為棺內木葉為公人

巽為風為蛇為蟻為花卉木葉主棺內外草根為屍為孀婦為文章為長女

艮為山為虎為犬為手為背為少男主棺內土為陶器為石為胃為多指為駝背

兌為澤為羊為雞為刀為妾為歌女為声色為少女為水濕為骨朽為口唇為金玉

凡斷驗陽宅與陰地先用羅經格定不可絲毫走作陰地斷其棺內外水蟻

土朽棺朽骨不根木葉骨生紅綠等事并房分榮枯困窮各節重八卦之主司凡斷棺外有蛇魚龜鼠化氣重十二支之次舍斷陽宅房分重八卦斷疾病重十二支次舍

凡吉凶主應之年重在太歲如于太歲申辰年吊合一同應驗看山水向路氣之八卦之動爻即世爻是也是何十二支之神斷之并其年之何元當令生旺休囚若天元主司之年地元人元之支神是太歲其吉凶不甚應驗

凡陰陽二宅添丁重在太陽到山到向或到水口

太陽神煞起例

一太歲　二太陽　三喪門　四太陰　五官符　六死符

七歲破　八龍德　九白虎　十福德　十一吊客　十二病符

太歲者是每年所值之支神也如子年即在子丑年即在丑其太陽到宮照此輪數如下所開子太歲太陽在丑丑太歲太陽在寅是也

太陽到宮之法

子太歲　丑太陽　寅喪門　卯太陰　辰官符　巳死符　午歲破

未龍德　申白虎　酉福德　戌吊客　亥病符

丑太歲　寅太陽　卯喪門　辰太陰　巳官符　午死符　未歲破

申龍德　酉白虎　戌福德　亥吊客　子病符

凡太歲值年乃神煞之主宰吉則加吉凶則加凶

太陽主添丁喜事　喪門主內外孝服　太陰主紅鸞天喜

官符主訟事　死符主死喪　歲破主破耗財物

龍德主喜慶(利)若試　白虎主血血(光)與病　福德主喜慶

弔客主失脫　病符主疫病

此乃陰陽二宅之斷事吉宅加吉星其吉即真凶宅加凶殺其凶必應是宜看其年門向路氣山峯水口之卦氣生旺休囚而後配斷方准學者思之

凡地吉凶斷房分訣

乾坤震巽後天　共三十二卦　主長四七房

坎離後天　共十六箇卦　主二五八房

艮兌後天　共十六箇卦　主三六九房

覆損章

後天乾兌二卦山水陰陽不合卦爻雜乱主潮濕骨乱兌卦潮濕尤甚

坎卦水口水同宜忌之陰陽和山水向配合則無水若山水不配合主滿棺水

艮坤二卦水口水同与山向不配合陰陽不和主棺内有土

震卦水口水同与山向不配相合主乱壞棺木來水去水不合主棺内生艸木之根

巽卦水生山与山峯同与水不合陰陽不和主有蚁与山向不合亦有蚁平作則無生蚁

木之根

離卦水山亦水同与山向不配合合主骨殖生紅緣

天地山水配合陰陽和其地富貴財丁毋疑發之大小要看氣局之大小來龍雄壯明堂水抱砂環向山秀麗其發福必大且發文發武發貴如何發起如何發長發幼皆可斷驗絲毫不爽但學者必須多參看理數之書易經與十二神將等書神而明之可也所發之人是何生肖男貴女貴皆可斷驗發貴是何年號出仕任在於何省亦可知之是在博覽羣書方可得也

凡地山水不合陰陽不和必發禍貧賤淫亂皆可斷驗何年發禍何年傷人生疾病是何病凶死是毒是縊是刀是水皆可知之　凡山水凶甚則斷大禍無疑水火盜賊皆可斷驗是在学者用心看書自無不准卦之世爻是何字山水不合陰陽不和以此斷驗必無差錯定准是在学者看山水不可錯誤卦位不可絲毫有錯如有毫厘之差定有千里之謬凡看山看水做向必要小心不可大意此第一規矩教之其功是在学者揣摩之也大鳴氏曰十年得其旨十年通其變則非一月一年能通其奥也看陽宅亦同此法斷驗禍福無有不准人生於世得天地之吉氣則吉戾氣則凶絲毫不爽可不畏哉学是道者尚其勉之

四隅五政為經　五行為緯　四七者是七政四餘之一曜也

化氣章二十八宿化氣

青囊經中卷化氣章經曰剛氣上騰柔氣下凝又曰四七土曜為經五德為緯

二十八宿值年訣

康熙二十三年甲子是上元上元畢宿值其年乙丑輪流是觜宿二十八宿

週回轉換定數無偏　子午卯酉飛宿位　辰戌丑未翼宿位　寅申巳

亥走宿位

辰　角木蛟　亢金龍　屬龍魚鱗族寄

卯　氐土貉　房日兔　心月狐　屬兔

寅　尾火虎　箕水豹　屬虎

戌　奎木狼　婁金狗　屬犬

酉　昴日雞　畢月烏　胃土雉　屬雞羽族寄

申　觜火猴　參水猿　屬猴

丑 斗木獬 牛金牛 屬牛 外殼內肉寄

子 女土蝠 虛日鼠 危月燕 屬鼠

亥 室火猪 壁水㺄 屬猪

未 井木犴 鬼金羊 屬羊

午 柳土獐 星日馬 張月鹿 屬馬

巳 翼火蛇 軫水蚓 屬蛇濕生寄

修流財法

修流財方須取歲命祿馬貴人三德制之反招財喜

子巳午未年乾戌　丑酉亥戌年坤未　寅卯申辰年坎丑

制遊赤毒法

制天命年遊赤毒宜三德七政壽元黃道歲命祿貴及天壽星作之反吉依法修之化凶為吉代有長壽之人

子午卯酉年酉巳方　丑未辰戌年卯午方　寅申巳亥年亥未方

八卦之象

乾為天 陽之純　為圜 陽之動象造化也　為君 以統物　為父 以始物象人倫也　為玉金 純粹之德堅剛之質　為寒為冰 後天居西北為冬冰則寒之凝　為大赤 先天居正南而為火赤則陽之盛也　為良馬 健而調良　為老馬 健而最久　為瘠馬 多骨少肉最堅強　為駁馬 鋸牙食虎最威猛之象半動物　為木果 圓而在上比象乎植物

荀九家此下有為龍為直為衣為言為戰閥為頭甫

坤為地　為母　為布 順而廣平　為釜 虛而容物　為吝嗇 靜翕而不施　為均 動闢而不偏　為子母牛 牛本順物子母相隨順之至也　為大輿 厚而能載　為文 叠揭　為衆 叠多

繩

為柄之權（掌生物） 其於地也為黑之色 為陰極 荀九家有為牝 為迷 為方 為囊 為裳 為黃 為帛 為漿 為[illegible]

為大腹 為癡

震為雷 為龍 為元黃（乾坤之色交而成也） 為旉（陽氣始施） 為大塗（萬物尽出） 為長子

為決躁（陽決而躁） 為蒼筤竹（蒼筤居艮方而色源青似震之位） 為萑葦（萑葦根實而幹虛似震之体） 其於

馬也為善鳴（陽在內而善鳴上昼竭也） 為馵足（馬懸一定有陽動之义） 為作足（陽作足起起有陽健之意下昼[illegible]）

為的顙（顙在上而色白又取上昼之陰） 其於稼也為反生（剛初動於下言萌芽自下生也） 其究為健（長剛）

為健終於乾故 為蕃鮮（健則陽氣盛而草木蕃矣） 荀九家有為玉為鵠為鼓

巽為木（物善也） 為風（氣善也） 為長女 為繩直（繩糾木以取直） 為工（工引繩以制木似巽標之制也）

為白（方隹西） 為高（木生之性也） 為進退 為不果（陰多疑故行進退而不果） 為臭（陰下伏發氣鬱而為臭）

其於人也為寡髮髮者血之餘而陽性必寡為廣顙顙者陽之質而陽性必廣為多白眼白眼者眼之精而陽或者白多此以巽佑而擬人形也為近利市三倍陰主利而巽善入以巽德而擬人性也其究為躁卦究則為震而躁荀九家有為楊為鸛

坎為水內明外暗陰而陷物陷陰中之象而憂患為溝瀆水之所行小為溝大為瀆為隱伏匿而善藏為矯輮折而能制皆陽為弓輪矯者曲使直輮者直使曲弓体彎輪体圓則矯輮所成也其於人也為加憂以人情臨為心病為耳痛心耳不虛病耳痛為血卦水在身為血為赤得乾為文其於馬也為美脊脊者外体之中為亟心心方內体之中美脊亟心皆陽在中也為下首上蚤柔故馬首下而不昂為薄蹄下蚤柔故馬蹄薄而不厚為曳性其下首薄蹄故曳而不進也青中滿下虛而母力幼為通水之性為月水之精為盜隱伏之情其於輿也為多其於木也為堅多

心（剛在內也） 荀九家有為宮為律為可為棟為叢棘為狐為蒺藜為桎梏

為魚為江海為隱為淫為盜

離為火（內暗外明） 為目（火之精） 為電（火之精） 為中女 為甲冑（甲在身冑在首取陽在外而堅）

為戈兵（取陽在上而剛） 其於人也為大腹（內陰而中虛也） 為乾卦（南方火炎而燥先天乾南）

為鱉（性順而內柔） 為蟹（性躁而外剛） 為蠃（善麗） 為蚌（中虛） 為龜（文明皆離象也）

其於木也為科上槁（中心既虛木必枯槁） 荀九家有為牝牛為魚為雉為胄紅江

為火症為網罟為疫為文書為卒

艮為山（坤地而隆於其上者山也） 為徑路（一陽在上） 為小石（陽剛至小） 為門闕（上陽連亘而下陰對待也）

為果蓏（木實為果草實為蓏剛在上也） 為閽寺（閽者止物之入寺者止物之出以卦德言） 為指 狗

鼠（[illegible]）為黔喙之屬（皆剛在外而止物者）　其於木也為堅多節（本陽卦木堅陽在外故多節）　蔔

九家有為鼻為虎為狐

兌為澤（塞坎下流而悅物澤之也）　為少女　為巫（巫以悅神）　為口舌（口以悅人）　為毀折（枝絛）

（脫落以正秋言）　為附決（柔附剛而為剛所決）　其於地也為剛鹵（下土堅故土有鹵取陽陰上之象下）　為

妾（為少女故為女）　為羊　蔔　九家有為常為輔頰為歌女為声色為水濕為骨

朽為口唇為金玉為雞為刃為娼妓

〇〇踈卦象

亥為頭顱胸腸膀胱大小便髓涎　乾為首腦背面言動豐金石

戌為頭面腹　辛為膝肺　庚為大腹　酉為右脇手膊背肺口舌

缺唇轉頰鼻声精血腎耳　申為頭背大腸膀胱筋骨　坤為腹肚
胃踝鬢髮昏迷方拔扱　未為脾頭手胃脘腹小腸口舌羊　丁為
心命门胞絡　午為肚腹膝心目舌神氣肋血介馬　丙為目肩小
腸　巳為三焦小腸面齒唇手股脾胞蛇　巽為頭乳股肱口繩尺
鬚吊提雞　辰為腹腰膝肩背項足腿肋胞命门胃声臂皮膚　乙
為肝喉　卯為足左腋手目筋血大腸脾鼻牙指肝脇　甲為首頭
頂胆舟車竹鼓王　寅為胸胆肺臂爪甲毛髮鬍鬚　艮為手鼻指
脾頭腰血氣手病　丑為腹脾腰耳肝足膝肚指手　癸為足跟腳
掌胞臍腸陰私溢賊瞳子水　子為腰腳肘膝肚背腎耳液膀胱陰囊胆

血皮骨足精液囊涎監　壬九頜背膀股臂腰胤肚豬狗鵝鴨樸梧目

繫卦象

額角 巽 曰艮	臉 乾戌午 巳	眉 辰	舌 兌午未	聲音 兌辰	肘 艮未巳 震	乳 巽
額顱 乾甲艮 震巽	顴 兌	目 離酉震 壬巽	牙 卯	坤 午	臂腕 兌寅辰 戌	腋 左子卯 右酉
頭 乾亥戌甲 艮未巽	輔頰 兌	耳 坎丑兌	齒 巳	氣 午艮	指 丁丑	背 坎乾兌 壬申辰
頤頂 甲子	頤 丑	鼻 艮兌 震	言 乾	項 亥辰	爪甲 寅	脇 午卯 子戌
腦 乾亥	頷 壬	口 兌未 巽	髭鬚 寅	肩 辰丙	掌心 震	腹 坤辰巳午 未丑戌
鬢毛 寅巽 震	喉 乙兌	唇 兌巳	津液 子	膊 酉	胸 亥寅	腰 坤艮丑寅 辰

脾指 卯辰
臍 午
少腹 離坤未
心 離丁戌
肝 震乙丑
胆 申兑子卯

肺宮 兑辛
胃 坤未辰
脾 艮丑巳未卯
腎 坎兑癸
三焦 巳
心包絡 巳

命門 丁辰戌
大腸 庚申卯
小腸 巳丙未
膀胱 亥壬子申
肛門 亥子
精血 申酉坎兑

臂 壬
尻 癸
腿 巽辰戌
膝 辛戌辰午
足 震子巽癸戌
臁 戌丑壬子癸

踝 坤
脛 丑
腳 癸子
跟 癸
湧泉 亥癸
腳指 未

陰莖 坎壬
卵 坎
陰戶 亥坎
經水 癸酉
血 坎兑卯艮
筋 申卯

骨 亥申
髓 亥
包 癸辰巳

救病古案

南果㷀叟與人修方息病必以人道方為主男用生炁女用天醫並天月德

解神太陽奇門祿馬貴人諸吉到方先以命主日主命宮主九曜恩福星纏照命度及方位歲月日時各人中順逆用神到方以方位卦配命卦之正道子父財官到方病即除詳考時正傳

九星吉凶

貪狼　貴而多福壽代天　誤致節度四方

巨門　清政主陰德貴考

祿存　殺伐兵武敗　後必定凶福

文曲　聰明英俊多淫慾

廉貞　殺伐無道否則叛　逆徒流配

武曲　秀雅多文出　后妃

破軍　雄傑剛毅否則　暴敗橫夭

左輔　輔木虧土權謀機變親近僭佞

右弼　否則驟富過淫癲疾

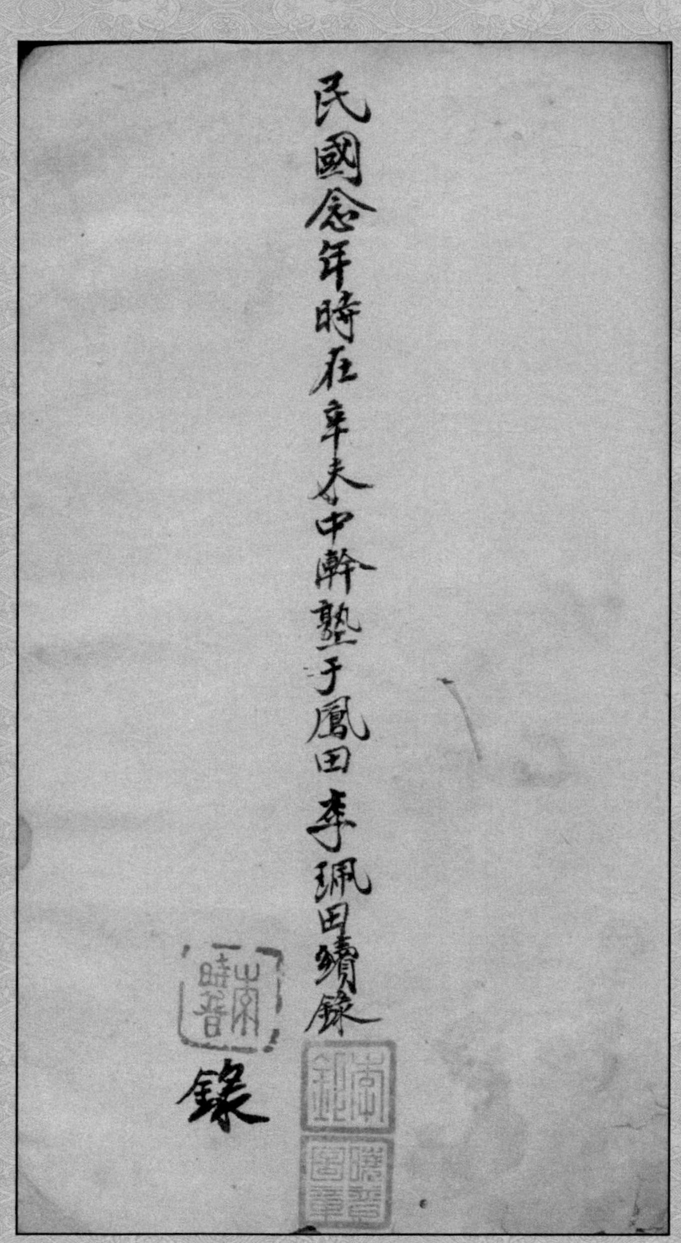
民國念年時在辛未冬中澣塾于鳳田 李珮田續錄

錄